COLECCIÓN POPULAR

113

PANCHO VILLA
Un intento de semblanza

MARTE R. GÓMEZ

PANCHO VILLA

UN INTENTO DE SEMBLANZA

COLECCION

POPULAR

FONDO DE CULTURA ECONÓMICA

MÉXICO

Primera edición (Colección Tezontle), 1972
Segunda edición (Colección Popular), 1973
    Primera reimpresión,   1973
    Segunda reimpresión,   1974
    Tercera reimpresión,   1982
    Cuarta reimpresión,   1986
    Quinta reimpresión   1988

Las fotografías del interior provienen del Archivo Casasola

D. R. © 1972, FONDO DE CULTURA ECONÓMICA
D. R. © 1986, FONDO DE CULTURA ECONÓMICA, S. A. DE C.V.
Av. de la Universidad 975; 03100 México, D.F.

ISBN 968-16-1183-7

Impreso en México

FRANCISCO VILLA se lanzó a la revolución en 1910 primero, y en 1913 después, llevando consigo un amplio conocimiento de las zonas en que por muchos años había vivido como perseguido de la justicia, y un profundo sentimiento de solidaridad para los desheredados, entre quienes él mismo se había contado.

Las condiciones en que Villa se lanzó a la vida de aventuras son de sobra bien conocidas y narradas por cualquiera de sus biógrafos: Una de sus hermanas, joven y agraciada, vivía en la hacienda en la que la familia Villa se alojaba, hasta cierto punto con independencia, en condiciones de aparcería, pero sujeta a la hegemonía del patrón. El hacendado se prendó de la joven y trató de seducirla. Villa, que llegó oportunamente en el momento culminante de lo que parecía un rapto, que bien pudiera haber formado parte del argumento de una película, o de una telenovela, sacó la pistola e hirió al hacendado. A partir de ese momento, Villa tuvo que convertirse en prófugo de la justicia.

Para situar a Villa, en el marco apasionante y dramático de la Revolución mexicana, más que del rigor analítico del historiador, se requiere, pienso yo, de la imaginación, de la sutileza psicológica, de la visión panorámica hasta las que puede remontarse un gran novelista.

Viene a la mente, por ejemplo, un Honorato de Balzac —sin desconocer, por cierto, que Martín Luis Guzmán, escritor dueño de una pluma que maneja con maestría, nos ha ofrecido obras en la que un Francisco

7

Villa idealizado cobra una realidad que no resiste al agua regia de la verdad histórica—, y concluyo que en ninguno de los 3,500 personajes que el novelista francés hizo vivir en su obra gigantesca, se podría haber encontrado un protagonista que fuera, a la vez, tan generoso y tan implacable; tan cariñoso para amar, y tan rencoroso para odiar; tan sumiso para obedecer en contados minutos, y tan altivo para imponerse sobre todos los demás, en casi todas las horas de su atormentada vida; tan sutil para localizar los peligros materiales que lo amenazaban, y tan candoroso para dejarse envolver por las intrigas de quienes lo hacían creer que él valía más que todos los demás juntos, y ser el hombre que rigiera nuestros destinos.

Villa corresponde, sin embargo, con algunas de las características del Farrabesche de *Le curé de village:* caballista sin par, corpulento como para abatir un buey de un puñetazo, temible por su puntería cuando disparaba armas de fuego y, a punto de ser hecho preso, con la determinación necesaria para montarse en las ancas de la cabalgadura de uno de sus perseguidores, para apretarle el tórax, hasta quitarle el aliento, para arrojarlo de la montura, como fardo, y para huir, libre, ante el azoro de quienes contemplaron la hazaña. A más de todo ello, curtido por las privaciones, se acomodaba sin dificultad durmiendo entre el follaje de cualquier árbol, refugiándose en alguna cueva, y cayendo por sorpresa donde le convenía, para desaparecer en seguida, como si se lo hubiera tragado la tierra.

La vida pintoresca y heroica de Villa en lucha frente a un orden de cosas del que había sido víctima, lo predisponía para sumarse a quienes propugnaban una sociedad más justiciera; pero sus hábitos arraigados de luchador solitario lo preparaban también para rebelarse contra toda autoridad y para tratar de imponerse a todo género de contrariedades, dictando su propia ley.

Además, ingenioso, dotado de grandes recursos para manejar pequeños contingentes de hombres aguerridos, y capaces de recorrer a todo galope grandes distancias, apareciendo y desapareciendo de manera intempestiva donde menos se podía imaginar características tan peculiares, le depararon éxitos fulgurantes, e hicieron nacer la aureola que lo consagró como guerrillero sin par.

Encuadrado ya dentro del ejército maderista, en cambio, comenzó a dar pruebas de su carácter arrebatado, y cometió actos de indisciplina que pudieron ser fatales para la causa del maderismo, como fue sin duda alguna la insubordinación que estuvo a punto de consumar en Ciudad Juárez, a raíz de la toma de esta ciudad y puerto fronterizo.

En aquella ocasión, impulsivo y sentimental, Villa se arrepintió casi en seguida de su conducta y después de estar a punto de aprehender al mismo Madero, le pidió perdón, se arrodilló ante él, y le propuso que lo fusilara. Así fue Villa durante todo el resto de su vida: hombre capaz de cometer, en un rapto de ira, las peores violencias; alma sencilla también, pronto para arrepentirse, y de ofrecer su propia vida en rescate de sus errores.

General de fuerzas irregulares incorporado a la División del Norte, que mandaba el general Victoriano Huerta, y que había sido nombrado para vencer la contrarrevolución que encabezaba el general Pascual Orozco, Villa prestó brillantes servicios al frente de la fuerza de caballería que desempeñaba las comisiones de exploración y de vanguardia más penosas, pero, al mismo tiempo, en recuerdo de sus costumbres pasadas, consideraba con naturalidad que podía tomar lo que necesitaba o le gustaba donde lo había —no pensaba que debía conducirse como jefe militar al servicio de un gobierno constituido—, sin reflexionar en los intereses que lesionaba.

Hombre de a caballo por excelencia, puso así los ojos sobre una yegua famosa, que hizo suya sin importarle los derechos del dueño, y el asunto fue llevado hasta el conocimiento del general Victoriano Huerta, jefe de la División del Norte. En aquel momento decisivo, que en apariencia pudo cambiar el curso de nuestra historia, Huerta le exigió a Villa que devolviera el equino del que se había apoderado: Villa contestó de mala manera, con frases que en campaña podían identificarse como de insubordinación frente al enemigo, y Huerta con el pliegue castrense de un viejo general federal, ordenó que Villa fuera pasado por las armas.

Tomados en cuenta los servicios que Villa venía prestando en la campaña, vista también la lealtad que había mostrado para Madero, varios de los generales que formaban parte de la División del Norte intercedieron ante Victoriano Huerta y consiguieron que Villa fuera desposeído del mando y enviado preso a la Ciudad de México. En forma curiosa, y hasta cierto punto irregular, Madero tuvo en cuenta los buenos servicios que Villa había prestado y consideró que, sin disgustar al jefe que hacía la campaña del norte contra Pascual Orozco, es decir, Victoriano Huerta, podía mantener preso a Villa por algún tiempo, a fin de ponerlo en libertad más tarde, para rehabilitarlo, quizá.

Está fuera de duda, en todo caso, que Villa fue internado en la prisión militar de Santiago Tlatelolco disfrutando de toda clase de consideraciones, y recibiendo ayuda pecuniaria que el mismo presidente Madero mandó que se le proporcionara. Villa comprendió así que era víctima de Huerta, pero protegido de Madero. Más tarde se propició la manera de que Villa se fugara de la prisión militar, y de que se perdiera en el norte sin que por algún tiempo se supiera más de él.

Al estallar la Decena Trágica, al terminarse ésta, más tarde, con la traición de Victoriano Huerta, y los asesinatos del presidente Madero y del vicepresidente Pino Suárez, Villa pensó que debía levantarse en armas, para vengar la muerte de Madero y para castigar de paso al enemigo que estuvo a punto de cortar el hilo de su existencia, es decir, a Victoriano Huerta.

Fueron otros, sin embargo, los primeros que se levantaron en armas, enarbolando la bandera de la legalidad y combatiendo la usurpación. Ellos fueron don Venustiano Carranza, gobernador constitucional de Coahuila, con el grupo de fuerzas irregulares y de ciudadanos que desconocieron a Huerta; y Álvaro Obregón, que en Sonora se impuso al gobernador constitucional del Estado, José María Maytorena, que no estaba resuelto a desconocer a Victoriano Huerta, pero sobre quien hicieron presión, obligándolo a que pidiera licencia de su cargo para que se nombrara un gobernador sustituto, que fue el general Ignacio L. Pesqueira, a efecto de que fuera éste quien desconociera a Huerta, y encabezara la rebelión en el estado de Sonora.

En aquellos primeros momentos de confusión, don Venustiano Carranza reunió sus contingentes, y atacó la ciudad de Saltillo, pero fue rechazado y, más tarde, se retiró rumbo al norte del Estado, expidió el Plan de Guadalupe, que tomaría como bandera la revolución constitucionalista, y estableció su cuartel general en Monclova, enviando tropas que llevaran la buena nueva de la revolución, y que reclutaran contingentes para hacer que ésta se extendiera por todos los lugares de la República.

Civil, pero de clara visión política, don Venustiano Carranza pensó desde el primer momento que si concentraba sus fuerzas en una sola masa, y libraba batallas formales contra las fuerzas federales que enviara Victoriano Huerta a combatirlo, acabaría por ser derrotado y destruido.

Por ello, en vez de buscar que lo rodearan, para protegerlo, escoltas numerosas, dispersó a sus hombres, para que fueran a revolucionar por la zona circunvecina, al mando de los jefes que más prometían en aquellos momentos. Uno de ellos fue el general Lucio Blanco, a quien comisionó para que operara en el Estado de Tamaulipas, hostilizando a Laredo, pero con intención final de ocupar toda la línea del Bravo, de Mier hasta Matamoros por la frontera, y por el sur hasta Jiménez, como en efecto ocurrió.

Los sonorenses procedieron de manera distinta gracias a la clarividencia con que el general Álvaro Obregón apreció las circunstancias que en aquel momento imperaban.

Indiscutible genio militar de la Revolución mexicana, primer gran triunfador de la etapa constitucionalista, y brazo armado que hizo posible la victoria de Carranza contra Villa, la expedición de la Constitución de

1917 y, mediante ella, la vuelta de México al orden constitucional, la figura de Obregón destaca en forma notoria.

En 1913 el Estado de Sonora estaba incomunicado por tierra como no fuera por caminos accidentados y de difícil acceso. No se terminaba aún el ferrocarril Subpacífico, ni contaba Huerta con transportes marítimos que le permitieran movilizar contingentes numerosos en poco tiempo. Obregón pensó por ello que tenía una brillante oportunidad para combatir, una tras otra, a las fuerzas huertistas que estaban de guarnición en Sonora, y para establecer su dominio en una entidad que fuera la ciudadela de la revolución constitucionalista.

En el libro que el general Obregón escribió para narrar sus campañas, se dice con detalle de qué manera, de victoria en victoria, dominó toda la frontera de Sonora; después, cómo logró que la columna dispuesta por Victoriano Huerta para que avanzara desde Guaymas hasta Hermosillo fuera derrotada en dos combates sangrientos que tuvieron lugar en Santa Rosa y en Santa María. Esos dos combates sellaron los destinos del régimen huertista en Sonora.

El general Pedro Ojeda se encerró en Guaymas, sin la menor esperanza de poder avanzar rumbo al norte, aunque sí en la creencia de que podría restarle vigor al constitucionalismo, si Obregón se empeñaba en arrebatarle el último jirón de tierra dominado por el huertismo, que era precisamente el puerto de Guaymas. Magnífico táctico y estratego de clara visión, Obregón no se dejó atraer hasta la trampa que su enemigo le había preparado. En vez de inmovilizarse, con un sitio prolongado, sacrificando contingentes valiosos, construyó un ramal de ferrocarril que evitara el empalme de ferrocarril que estaba al alcance de los fuegos de artillería de los federales, y después de dejar una guarnición suficiente que detuviera al enemigo, inició resueltamente su avance hacia el sur, es decir, hacia el Estado de Sinaloa y el entonces Territorio de Tepic, hoy Estado de Nayarit, donde ya había núcleos armados que Obregón podría incorporar a su división, para acabar por integrar lo que fue el poderoso Cuerpo del Ejército del Noroeste.

Con la privilegiada inteligencia, con la clara visión política y con la sagacidad que caracterizaba a Obregón, el que se perfilaba como jefe más importante de los revolucionarios sonorenses, comprendió que la causa de la Revolución necesitaba reconocer un caudillo y obedecer a un jefe, un primer jefe, que no podía ser sino Venustiano Carranza.

A causa de la traición que consumara Victoriano Huerta, varios gobernadores de estado de extracción maderista, trataron de organizarse para luchar contra el usurpador, pero, encontrándose en el centro del país, y más al alcance de la mano de Huerta, éste no tuvo mayores problemas para neutralizarlos, y hacerlos dejar el poder, nombrando en su lugar jefes militares de su confianza.

El más alejado de esos gobernadores, el de Chihuahua, don Abraham González, se disponía a levantarse en armas cuando Huerta logró echarle mano y nulificarlo. Fue una víctima más del baño de sangre en que se ahogó Victoriano Huerta, pero a partir de aquel momento sólo fueron dos gobiernos de estado, que por decreto de sus legislaturas desconocieron a Huerta. Estos estados fueron Sonora y Coahuila; pero en Sonora, como explicamos ya, el gobernador Maytorena careció de la entereza necesaria para desconocer el gobierno de la Dictadura y, a partir de ese momento, por razón natural, no había más jefatura posible que la de Venustiano Carranza.

Los sonorenses lo comprendieron así, y nombraron representantes que fueran a entrevistarse con el gobernador de Coahuila. Las conversaciones se condujeron de manera expedita y dieron el único resultado que lógicamente era de desearse: el reconocimiento de don Venustiano Carranza como primer jefe del constitucionalismo; la subordinación de los sonorenses a dicha jefatura; la aceptación del Plan de Guadalupe como bandera de lucha que enarbolarían los revolucionarios hasta el derrocamiento de Victoriano Huerta.

Villa, mientras tanto, había cruzado la frontera y principiado el reclutamiento de sus fuerzas. Pronto se haría sentir y daría muestras de su incansable actividad militar pero, de momento, aún no se forjaba la leyenda del que sería admirado como Centauro del Norte, y serían otros los polos de atracción en que se mantendrían atentos quienes seguían los acontecimientos políticos y militares en aquellos momentos.

Por la forma como se organizaron los primeros contingentes que pugnaron por el restablecimiento del orden constitucional, que había roto dramáticamente la traición de Victoriano Huerta, hubo dos grandes centros desde los que se dirigió la lucha armada, y de los cuales uno quedó establecido en Monclova, principal cuartel general de don Venustiano Carranza, Primer Jefe del Constitucionalismo, y otro en Hermosillo, primera capital de Estado que había quedado firmemente bajo el control de los revolucionarios sonorenses.

Don Venustiano Carranza, como antes dijimos, tuvo

15

el buen tino de no aceptar los servicios de todos los que querían engrosar sus filas, sino que, bien por el contrario, los alentó a formar nuevos contingentes, o a engrosar los núcleos ya formados, para que fueran a operar en diversas regiones del país.

Fue así como muchos de los que se presentaron para incorporarse con don Venustiano, fueron enviados a Sonora. En ese caso estuvieron Jesús M. Garza y Aarón Sáenz, miembros del Estado Mayor del general Obregón, que le siguieron leales hasta que falleció el primero y hasta la muerte de su jefe el segundo.

Hubo, en cambio, otros ofrecimientos que don Venustiano Carranza declinó. Para eso hay que recordar que tanto Madero como Carranza eran originarios de Coahuila, que pertenecían, el primero, a una aristocracia acomodada, varios de cuyos miembros habían estado cerca del general Díaz; y el segundo, a la clase rural media que en determinados aspectos de la lucha política local, se habían enfrentado al viejo dictador.

Carranza sabía, también, que varios de los familiares y colaboradores de Madero habían dado pruebas de poca perspicacia política en su gestión, y contribuido, hasta cierto punto, al desprestigio del régimen maderista y a su trágica liquidación. Carranza estaba dispuesto, en otras palabras, a reclutar para las filas del constitucionalismo todos los elementos que él consideraba útiles, pero de ninguna manera inclinado a entregarse otra vez en brazos de los viejos maderistas. Muerto Madero, sentía la urgencia de restaurar el orden constitucional pero no de eternizar ni de restablecer, una vez más, el régimen maderista.*

* Véase la nota aclaratoria I, en la p. 73.

Los familiares de don Francisco I. Madero, para no hablar siquiera de quienes habían colaborado al lado del que era ya calificado como "mártir de la democracia", en los primeros días que siguieron al cuartelazo, aturdidos por el dolor que les había causado la muerte de sus seres queridos, no expresaron el deseo de reanudar la lucha en rescate de la legalidad, ni para castigar la traición y el crimen de los que resultó lamentable protagonista Victoriano Huerta.

A don Gustavo Madero lo habían linchado casi en el jardín de la Ciudadela, a don Francisco I. Madero lo habían asesinado en el costado de la Penitenciaría, pero a los otros miembros de la familia, por considerarlos quizá menos belicosos, los dejaron salir al extranjero y, cuando menos de momento, no expresaron ningún deseo de tomar parte activa en la revolución constitucionalista. En Nueva York, don Ernesto Madero hizo declaraciones a la prensa afirmando, a nombre de todos los suyos, que la familia había decidido abstenerse de toda participación política; Rafael Hernández, primo de Madero y ministro de su gabinete, dijo lacónicamente que lo dicho por don Ernesto lo repetía él.

Carranza se sintió hasta cierto punto libre para incorporar a los enemigos de Huerta que se sumaran a sus filas, pero no reconoció como grupo, y menos aún como herederos de un régimen, ni a los Madero que más tarde se fueron incorporando a la revolución, ni a los maderistas que desearon clasificarse como tales.

Al no sentirse recibidos con los brazos abiertos, al apreciar ciertas reticencias que los relegaban a segundos planos, muchos descontentos con Carranza buscaron acogerse a otra sombra protectora y esa sombra fue, por desgracia, la de Francisco Villa. Se fue formando, así, un grupo de villistas que mostraban desagrado contra Carranza, que alentaban insubordinaciones contra la primera jefatura, que halagaban lo que en Villa había de espontáneo y de primitivo, haciéndole creer que estaba por encima de todos, que los demás debían obedecerlo, o que de lo contrario Villa habría de someterlos con el prestigio de su nombre y con la fuerza militar, que representaban sus numerosos contingentes armados, día con día más famosos y aguerridos.

Muy distinta fue la conducta de Obregón: seguro ya de que Sonora ofrecía un islote de paz controlado por el constitucionalismo, y al amparo del cual se podía pensar en formar el gobierno de la Revolución, Obregón comisionó a uno de los ayudantes de su Estado Mayor, al hoy general Aarón Sáenz, para que fuera a entrevistarse con don Venustiano Carranza y le ofreciera resueltamente que estableciera la sede de su gobierno en Hermosillo. Carranza aceptó e inició a través de la Sierra Madre Occidental la peligrosa expedición llegando por fin hasta el sitio donde se encontró con Obregón, quien lo condujo a Hermosillo, donde fue recibido con todos los honores debidos a su cargo.

Al organizar su gobierno, don Venustiano tuvo, por cierto, la idea poco feliz de nombrar subsecretario encargado de la Secretaría de Guerra del Gobierno de la Revolución, al general Felipe Ángeles, y los revolucionarios sonorenses, aunque en forma comedida, mostraron su desagrado con tal designación.

El general Felipe Ángeles, diré de paso, fue un militar de carrera y hombre de ideas progresistas. Como Director del Colegio Militar había dado muestras de ser un buen teórico; políticamente se había adherido sinceramente al maderismo y conducido en Morelos una campaña militar benévola, que no dio los frutos apetecidos, a pesar de que Ángeles le había puesto término a la guerra sin cuartel, de concentración de poblaciones y de tierra abrasada que condujo con exceso de crueldad el general Juvencio Robles, pero no había podido convencer a Madero, o a lo mejor ni siquiera lo había intentado, de que para someter a Emiliano Zapata no había más que un solo recurso: darle la tierra a los campesinos morelenses.

Como quiera que sea, al ocurrir la Decena Trágica, Madero fue valientemente a Morelos, para entrevistarse con Zapata, y para hacerle convenir que dejara de hostilizar al gobierno si las fuerzas de Ángeles regresaban a la capital, para dominar la sublevación de la Ciudadela.

Zapata convino en ello; Ángeles regresó, con su columna, pero no fue capaz de actuar eficazmente en las operaciones que se conducían, y acabó por ser víctima del llamado "Pacto de la Ciudadela", que suscribieron en la Embajada de los Estados Unidos de Norteamérica Victoriano Huerta y Félix Díaz, para decretar la desaparición del gobierno constitucional de Madero y la misma muerte de Madero y Pino Suárez.

Después de actuar con poca eficacia en la Ciudadela, Ángeles había aceptado, también, que lo enviaran comisionado a Europa, formando parte todavía del Ejército Federal subordinado a Victoriano Huerta. En esa situación, transcurrieron algunos meses antes de que pensara en incorporarse a la Revolución. Cuando regresó a México y se presentó en Sonora, los revolucionarios se enfrentaban resueltamente con las fuerzas huertistas; habían logrado ya significativas victorias.

19

Como habían vencido en los campos de batalla a los viejos generales del Ejército Federal, consideraban indigno de ellos ponerse a las órdenes del general federal tardíamente incorporado al constitucionalismo.

Carranza, a pesar de la obstinación con que solía mantener sus decisiones, dio por buenos los argumentos de los revolucionarios sonorenses, y estuvo de acuerdo en dejar sin efecto el nombramiento de Ángeles. Dicho nombramiento quedó anulado pero no hubo revocación formal de él en seguida. Perdida toda su autoridad, visto con desconfianza por los revolucionarios sonorenses, cuando don Venustiano Carranza se encaminó rumbo al Estado de Chihuahua que estaba ya también controlado por el villismo, Ángeles, que había formado parte de la comitiva que acompañaba a Carranza a través del Cañón del Púlpito, en su traslado de Sonora a Chihuahua, le pidió que lo incorporara con las fuerzas de Villa.

Villa lo recibió con los brazos abiertos, le dio el mando de su artillería, lo usó hasta cierto punto como su mentor intelectual. Ángeles, resentido por la repulsa de los sonorenses, fue seguramente factor decisivo para, llegada la ruptura, influir cerca de Villa con el fin de que se ahondara la división con Carranza, que fue preludio de los trágicos combates que se escenificaron en la zona del Bajío, desde Celaya hasta Aguascalientes, en 1915.

Otro de los que se distanciaron de Carranza para afiliarse a Villa fue el licenciado Francisco Escudero, a quien Carranza separara del cargo que desempeñaba, como encargado del despacho de la Secretaría de Relaciones Exteriores. *El Constitucionalista* explicó los hechos con suficiente claridad, en declaraciones oficiales que fueron formuladas por acuerdo expreso de la Primera Jefatura:

En la prensa de los Estados Unidos de Norteamérica y de Cuba, se publicaron declaraciones atribuidas al licenciado Escudero en las que se exponía la política nacional e internacional del constitucionalismo. Dichas declaraciones ni fueron rectificadas ni consultadas previamente con el jefe de la Revolución. Por considerar que semejante conducta resultaba contraria a la disciplina con que debían proceder los funcionarios afiliados al constitucionalismo, se acordó la separación.[1]

Ésta constituyó, pues, un acto de autoridad que establecía normas de disciplina para encarrilar la buena marcha de los asuntos públicos, que con problemas graves por resolver, se imponía que fueran tratados con discreción y cautela. Desaprobar la separación del licenciado Escudero, al ocuparlo inmediatamente en un cargo importante, era tanto como enfrentarse a Carranza, y eso fue lo que hizo Villa.

Que se atizaba el fuego de la discordia contra Carranza, fue visible, lamentablemente, aún antes de que éste entrara a Chihuahua y tuvieran los dos —Carranza y Villa— oportunidad para encontrarse personalmente antipáticos, ni menos aún para concluir que se imponía su distanciamiento.

Se asegura que Villa se había sentido lastimado desde que Carranza lo puso a las órdenes de Obregón. Fue seguramente un resentimiento restrospectivo, que se originó sin dolo, y que más tarde se corrigió, por cierto.

La organización de las operaciones militares contra el huertismo había sido dispuesta por Carranza por decreto de 4 de julio de 1913, expedido en Monclova,

[1] *El Constitucionalista.* Número del 28 de diciembre de 1913.

creándose al efecto Cuerpos de Ejército que serían: el del Noroeste, el del Noreste, el de Oriente, el de Occidente, el del Sur y el del Sureste.[2] Formando parte del Cuerpo de Ejército del Noroeste, se incluían los contingentes que operaban en Sonora, Chihuahua, Durango, Sinaloa y Baja California. Nadie podía anticipar el vigor con que Villa conduciría sus operaciones, haciendo famosa la División del Norte, como nadie podía imaginarse todavía que el Cuerpo de Ejército del Sur se sustraería a la obediencia, negándose a reconocer la jefatura de don Venustiano Carranza, ni que otros supuestos cuerpos de ejército sólo tendrían realidad en el papel.

Obregón, por otra parte, tampoco trató de someter a su mando jefes que, como Villa, no mantenían contactos con él. Bastante trabajo tenía con disciplinar a los contingentes que movilizaba para conducir sus operaciones.

Que había diferencias entre Carranza y Villa, era por otra parte un hecho que afloraba en forma visible, y que la discreción de los jefes más adictos a Carranza no lograba ya ocultar. Desde Agua Prieta, por ejemplo, con fecha 8 de diciembre de 1913, el diario de la tarde *Douglas International*, le preguntaba a don Venustiano Carranza si era verdad que él y el general Villa se habían distanciado, y que estuviera a punto de estallar una contrarrevolución. Don Venustiano Carranza se concretó a negar ese rumor y dijo que la mejor prueba de ello consistía en que dentro de poco se trasladaría al Estado de Chihuahua.[3]

---

[2] *El Constitucionalista.* Nº 3, publicado en Hermosillo, Sonora, el 6 de diciembre de 1913.

[3] *El Constitucionalista.* Número del 9 de diciembre de 1913.

Por lo demás, los méritos que Villa había ganado en campaña ya le habían sido reconocidos. Cuando se publicó por primera vez el escalafón en el que figuraban los generales del Ejército Constitucionalista, sólo había cinco generales de brigada, y uno de ellos era precisamente Villa. Los otros cuatro eran Ignacio L. Pesqueira, Álvaro Obregón, Pablo González y Ramón F. Iturbe.[4]

Mientras tanto, Villa escuchaba el canto de las sirenas y permitía que sus subalternos —seguros de que podrían medrar a su sombra, mejor que bajo las normas de austeridad con que Carranza ponía ejemplo— lo encumbraran hasta la autoridad suprema del país. Así lo consignó también *El Constitucionalista*, y no, por cierto, inspirándose en informes emanados de quienes estaban cerca de Carranza, sino por declaraciones del mismo Villa, quien decía, desde Ciudad Juárez, el 29 de enero de 1914, que no tenía ninguna ambición de ser Presidente de la República, ni deseaba en lo más mínimo tomar el papel de don Venustiano Carranza, a quien reconocía como Jefe Supremo de la causa.[5]

Conocido adagio popular reza: explicación no pedida, acusación manifiesta. Nadie podría asegurar si, muy en el fondo de su alma, Villa soñó con ocupar la primera magistratura del país. Algún discípulo de Freud podría quizá señalar el dato de que, al entrar a la capital de la República, se hizo retratar sentado en la silla presidencial, pero eso no pasaría de constituir una especulación.

Lo que se sabe de sobra es que Villa hizo lo con-

[4] *El Constitucionalista*. Número del 13 de diciembre de 1914.
[5] *El Constitucionalista*. Número del 31 de enero de 1914.

trario de lo que afirmó en varias de sus declaraciones, porque desconoció la Primera Jefatura de don Venustiano Carranza y, si no Presidente, sí trató de ser más que Presidente, obligando con ello a que el Presidente de la Convención se separara de él.*

En cuanto llegó a Chihuahua, por otra parte, Carranza se dio cuenta de que no era recibido con el alborozo que le habían testimoniado los sonorenses sino que, hasta cierto punto, lo consideraban un intruso, que tenía el atrevimiento de querer ejercer autoridad sobre un territorio que sólo los villistas habían conquistado con las armas en la mano.

En mi libro *La reforma agraria en las filas villistas,* señaló precisamente que desde que principió a publicarse el periódico oficial del Estado de Chihuahua —época constitucionalista— se trató de establecer ya que Carranza representaba la jefatura civil, pero que no era ni con mucho la de un Primer Jefe ante quien Villa debía inclinarse. En la primera página del diario en cuestión, en efecto, aparece en el encabezado el nombre del general Villa, como gobernador interino, y abajo, con tipo de imprenta más pequeño, el de don Venustiano Carranza. Quien mandaba en resumen, quien se daba a entender que seguiría mandando en todos los territorios que conquistara la División del Norte, sería Villa, quien gobernara al país, se averiguaría después.

De acuerdo con el Plan de Guadalupe, a la Primera Jefatura le correspondía la facultad de nombrar gobernador en los Estados que fuera controlando la Revolución. Se aceptó que el general Ignacio L. Pesqueira

* Véase la nota aclaratoria II, en la p. 74.

ocupara la gubernatura interina por designación del Congreso del Estado de Sonora pero, en cuanto don José María Maytorena expresó el deseo de dar por terminada su licencia, para regresar a ocupar su puesto de gobernador constitucional, no pocos fueron los revolucionarios sonorenses que consideraron que quien había vacilado en los momentos de mayor peligro no merecía ya gobernarlos.

Sin embargo, el general Obregón consideró que desde un punto de vista político no era recomendable retirarle su investidura a Maytorena, e insistió en que se le devolviera el cargo. Por otra parte, Obregón había pensado también que sólo un gobernador constitucional, Carranza, le había lanzado el guante a Huerta, y que los sonorenses debían reconocerlo como Primer Jefe, tal y como hicieron.

Maytorena, por su parte, no agradeció el apoyo que Obregón le había dado para hacer posible su regreso al gobierno de Sonora, y se sintió postergado, probablemente, por el hecho de que se hubiera reconocido a Carranza como Primer Jefe. Con el tiempo, creció contra Obregón el disgusto de Maytorena y éste propició a su debido tiempo la alianza con Villa.

Mientras tanto, salvo Sonora y Coahuila, conforme al Plan de Guadalupe, la facultad de nombrar gobernadores provisionales le incumbió a don Venustiano Carranza y éste usó de ella en los territorios que fue conquistando el general Obregón, sin que éste tuviera ninguna objeción que oponer a la designación que autorizó don Venustiano Carranza, en Nayarit y Jalisco. Por curioso que parezca, el celo con que don Venustiano hacía respetar su categoría de Primer Jefe llegaba hasta el extremo de no consultar y de no anticipar por lo menos los nombramientos que hacía con el mismo general Obregón, que era el jefe militar más resuelto y adicto con quien contaba en aquellos momentos.

Planteado ya el conflicto con Villa, en efecto, decidido que el general Obregón avanzaría tan rápidamente como pudiera rumbo al sur, tratando de llegar a la ciudad de México antes que Villa, don Venustiano no vaciló para usar la facultad absoluta que tenía para designar gobernador constitucionalista del Estado de Jalisco, un Estado que todavía no estaba siquiera en su poder. Sin que el general Obregón lo supiera, y sin que el general Manuel M. Diéguez se lo comunicara tampoco, en cuanto las fuerzas del Ejército del Noroeste llegaron a Jalisco, el general Diéguez le mostró al general Obregón el nombramiento que tenía, y el general Obregón acató al punto esa designación.

Con Villa no pasó lo mismo. Don Venustiano Carranza quiso nombrar gobernador del Estado de Chihuahua al general Manuel Chao, que era por cierto uno de los jefes más adictos al general Villa y leal a éste hasta el final, como se puso de manifiesto en el momento de la escisión entre carrancistas y villistas; pero no por ello dejó de pensar Villa que Chao, en su carácter de gobernador civil, le debía más obediencia a él que al Primer Jefe, y por un incidente sin mayor importancia, estando Carranza en Chihuahua, Villa trató de cortar por lo sano el obstáculo que Chao representaba, mandándolo fusilar.

En circunstancias dramáticas, Chao logró comunicarse con Carranza, para hacerle saber la orden de fusilamiento que Villa había dictado en su contra, y Carranza mandó llamar a cuentas a Villa. No conforme con ello, ordenó reunir a su escolta, que era el Cuarto Batallón de Sonora, que el general Obregón había puesto a sus órdenes, y ordenó que se formara en línea desplegada, con la intención de usarlo para que cumpliera sus órdenes.

En aquella eventualidad, años más tarde, el que fue después general de división, Francisco Manzo, comentaba la enorme calidad humana de que había dado pruebas don Venustiano Carranza, imponiéndose a Villa en la misma "cueva del león" y usando para obtener que prevalecieran sus órdenes el escaso contingente de su escolta, que componían apenas 400 hombres, frente a toda la División del Norte, que casi tenía tantos generales como soldados, Carranza.

La entrevista fue histórica y dramática. Carranza insistía en que se respetara la vida de Chao y su designación como gobernador de Chihuahua; Villa objetaba, tercamente, que Chao se le había insubordinado. En determinado momento, don Venustiano puso sobre la mesa, en el despacho del carro-pullman en que la entrevista tenía lugar, la pequeña pistola que usaba, y le dijo resueltamente a Villa: "O cumple mis órdenes tal como las he dado, o uno de los dos quedamos muertos en este momento. . ."

Villa, el hombre que con más rapidez y mejor puntería sabía manejar una pistola, comprendió por supuesto que Carranza demostraba una gran presencia de ánimo y una resolución sin paralelo pero que, de llegar las cosas al extremo, no tendría más remedio que asesinarlo, y entonces transó.

Humilde y respetuoso, Villa convino entonces en dejar sin efecto la orden de fusilamiento de Chao; Carranza designó otro gobernador. Aparentemente el conflicto quedó resuelto, el jefe de la escolta de don Venustiano recibió orden de contramarchar para regresar a su acuartelamiento pero, en el fondo, tanto Carranza como Villa supieron a qué atenerse: Carranza entendió que Villa no asumiría nunca el papel de subordinado; Villa comprendió que Carranza no se resignaría jamás a ser su instrumento, para imponerle su ley.

Carranza siguió su recorrido rumbo al Sur, para visitar el estado de Durango en el que era gobernador el ingeniero Pastor Rouaix; más tarde se encaminó a Saltillo para regresar triunfante a la capital del Estado que había dejado para lanzarse a la Revolución; pero antes las relaciones personales entre Carranza y Villa habían sido sometidas a nuevas pruebas, que eran precursoras de una ruptura inminente. A su paso por Torreón, hasta los superintendentes de las divisiones de los ferrocarriles tenían órdenes de consultar con Villa si dejaban o no pasar el tren de don Venustiano. Éste tuvo que esperar a que quien de verdad mandaba, esto es, Villa, resolviera si el Primer Jefe podía o no seguir su viaje hasta Saltillo.

Las glorias militares seguían, mientras tanto, adornando con los laureles de la victoria el sombrero tejano de Pancho Villa. Había triunfado en Ciudad Juárez, Tierra Blanca, Ojinaga, Torreón y San Pedro de las Colonias, después de conducir sangrientos encuentros que liquidaron lo más granado que el Ejército Federal había hecho reunir. En aquellos momentos, Villa quería avanzar resueltamente al Sur, caer como el rayo de la guerra que era sobre Zacatecas y Aguascalientes, pero don Venustiano, consciente de la soberbia que se había apoderado de Villa y que compartían sus jefes más adictos, con buena visión política deseaba, por el contrario, que otros jefes revolucionarios conocieran también las mieles del triunfo y que su prestigio equilibrara, en parte, los resplandores de la gloria que acaparaba sólo Villa.

Por eso, don Venustiano Carranza decidió, en vez de autorizar a Villa para que avanzara directamente a Zacatecas, pedirle primero que tomara Saltillo, después que no avanzara él mismo a Zacatecas, sino que enviara parte de sus contingentes para que reforzaran los del general Pánfilo Natera, que de tiempo atrás combatía la Dictadura y que, zacatecano él mismo, conquistara la capital de su Estado y ocupara la gubernatura.*

Villa no lo entendió así; su gente creyó que era un desaire y hasta una injusticia quitarle a Villa la oportunidad de la nueva gran victoria que la División del Norte acabó por conseguir en Zacatecas, así es que hubo un intenso cambio de telegramas en virtud del cual Carranza insistió en que fuerzas del general Villa reforzaran a Natera, mientras que Villa objetó tercamente que no estaba dispuesto a desprenderse de sus "muchachitos", y sí preparado para avanzar al Sur y tomar la ciudad de Zacatecas, con toda la División del Norte.

Pánfilo Natera había militado, por cierto, temporalmente, a las órdenes de Villa. A falta de un Estado Mayor que regulara los movimientos de las fuerzas revolucionarias y les señalara rígidamente sus encuadramientos, los revolucionarios se movían más bien en obediencia a sentimientos de simpatía y de solidaridad, para acometer operaciones importantes, que a normas puramente castrenses.

* Véase la nota aclaratoria III, en la p. 74.

Durante la revolución maderista, aquellos primeros ciudadanos armados no decían ni siquiera que se habían dado de alta; para incorporarse a las órdenes de un jefe cualquiera, decían campechanamente "ando ayudando a fulano". Lo ayudaban a lazar caballos, a requisar armas, a ocupar pueblos echando bala... Para conducir las operaciones que determinaron la primera toma de Torreón por las fuerzas villistas, en 1913, al lado de Villa fueron a incorporársele muchos contingentes de revolucionarios durangueños, los del general Arrieta, por ejemplo, que después dejaron de considerarse ellos mismos como parte de la División del Norte. Pánfilo Natera fue también de los que, operando sobre todo en Zacatecas, de cuando en cuando sumaba sus tropas para operar al lado de Villa y éste, en determinado momento, usó con poca fortuna a Pánfilo Natera, confiriéndole el mando de las fuerzas que se suponía que debían ocupar Ojinaga, ciudad fronteriza hasta la cual salió huyendo el general Mercado, cuando, después de la victoria de Villa en Tierra Blanca, el jefe federal comprendió que no podría retroceder hacia el Sur, para incorporarse en Torreón con las fuerzas huertistas, y que no tenía más recurso que el de abandonarle a Villa la capital de Chihuahua llevando a sus contingentes rumbo a la frontera, que era precisamente Ojinaga.

Bien porque no contara con las fuerzas que le hubieran hecho falta, bien porque le faltara pericia, el único hecho positivo, lamentable en sí como significativo, fue el de que Pánfilo Natera no pudo tomar Ojinaga. Impaciente por ese descalabro parcial, Villa salió entonces mandando contingentes más numerosos, y fue él quien sí tomó dicha ciudad, obligando a Mercado a internarse en los Estados Unidos de Norteamérica y consumando la total ocupación de Chihuahua por la revolución constitucionalista.

Fue éste el precedente que Villa trató de hacer valer, para oponerse a que fuerzas suyas, mandadas por un jefe en cuya pericia no tenía plena confianza, fueran a sacrificarse en la operación de Zacatecas, que no culminaría felizmente.

Por otra parte, el jefe federal que se había afortinado en Zacatecas, el general Medina Barrón, rechazó con éxito los ataques que condujo Pánfilo Natera. Está naturalmente por averiguarse, y seguirá sin saberse nunca, si con los refuerzos que don Venustiano Carranza había ordenado, Natera hubiera tenido bastante como para reducir la resistencia de Medina Barrón.

Son muy bien conocidos los mensajes altaneros que Villa y los generales villistas le dirigieron a don Venustiano Carranza para significarle su insubordinación. Con sagacidad de viejo político, en una de sus respuestas, don Venustiano hizo pasar al telégrafo un texto que revelaba quién era uno de los mentores de Villa: "Esto que me acaba usted de decir —le contestaba Carranza a Villa— se lo ha sugerido el general Felipe Ángeles, que es un mal consejero de usted."

Dicto de memoria y no tengo a la mano el texto literal del apasionante cambio de telegramas a que me vengo refiriendo, pero los hechos se desarrollaron en forma violenta con etapas que condujeron a la renuncia de Villa al mando de la División del Norte; a la aceptación de esa renuncia con indicación posterior de que los demás generales de la División del Norte designaran sucesor de Villa; a la insubordinación de los generales villistas, declarando que no aceptaban militar sino a las órdenes de Villa y, por último, a la decisión que Villa tomó para avanzar por su propia cuenta sobre Zacatecas, al frente de la División del Norte, en desobediencia clara a lo que Carranza disponía.

Sereno y entero ante tan críticas circunstancias, Carranza se comunicó con todos los demás jefes revolucionarios para hacerles saber la desobediencia de Villa y para pedirles que obraran con diligencia avanzando con dirección al centro del país, al tenor de las circunstancias.

Don Venustiano dispuso así, que los otros jefes revolucionarios, que Obregón por la costa del Pacífico y Pablo González por la costa del Atlántico, se acercaran rápidamente para tratar de llegar a la capital de la República, ganándole la carrera a Villa y ocupando la capital. Por otra parte, ordenó también que se cortaran los abastecimientos de combustible que permitían la movilización de los contingentes villistas, privándolos de carbón, principalmente.

Villa, mientras tanto, ganó gloriosamente la batalla de Zacatecas. Que los contingentes villistas fueran mucho más numerosos que las fuerzas ya mermadas que pudo oponerle Medina Barrón, carece de significación mayor. Carece también de significación que Medina Barrón se haya dejado sitiar, enredado en un círculo de fuego y que, en su oportunidad, haya dejado aniquilar a casi todos sus contingentes.

Después de la victoria, Villa sintió, de todas maneras, que don Venustiano Carranza, terco y tenaz como era, podía hacerle más daño del que representaba privarlo de combustible para sus locomotoras, y tras del acto de insubordinación que había representado ir de propia autoridad a la toma de Zacatecas, se reconcentró en Torreón y esperó el desarrollo de los acontecimientos, pensando —y en esto obró hasta cierto punto con jactancia temeraria— que, privado el constitucionalismo del concurso que representaba la División del Norte, Carranza no podría entrar triunfante a la ciudad de México.

A todo esto, las fuerzas del Ejército del Noreste, después de ocupar Ciudad Victoria, Monterrey, Tampico y San Luis Potosí, se acercaban al Bajío, es decir, al centro de la República, pero, sobre todo, las fuerzas del Ejército del Noroeste, mandadas por el general Obregón, se aprestaban a librar las batallas definitivas de Orendain, Guadalajara y El Castillo

Acabo de dictar "batallas definitivas" y debo justificar las razones que me mueven a usar ese calificativo: después de que el general Villa tomó Zacatecas y de que, para proteger su retaguardia y sentirse seguro en su centro norteño de operaciones, se replegó hasta Torreón, se comunicó por telégrafo con Obregón, para hacerle saber que ya no podía contar con su concurso, y que en tal virtud, de aventurarse más al Sur, corría el peligro de que salieran a combatirlo contingentes federales más numerosos que los de él y capaces de derrotarlo. Obregón, a pesar de lamentar los desacuerdos que mediaban entre Villa y la Primera Jefatura del constitucionalismo, pasó por alto las advertencias de Villa y se lanzó resueltamente, en cambio, a desarrollar un vasto plan de operaciones que representó:

1. Enviar contingentes que cortaran la vía de Manzanillo a Guadalajara, impidiendo que las fuerzas federales que habían guarnecido los puertos de Guaymas y de Mazatlán, en trance ya de concentrarse a la ciu-

dad de México, engrosaran las fuerzas que mandaba en Jalisco el general José María Mier.

2. Mandar fuerzas de caballería que cortaran las comunicaciones entre Guadalajara e Irapuato, para aislar los contingentes federales que operaban en Jalisco, y

3. Ir resueltamente al encuentro de la columna federal que había salido a batirlo en Orendain, y que integraba lo más granado de lo que todavía quedaba del mermado Ejército Federal.

La vasta operación estratégica y táctica, que se acaba de resumir en los tres puntos anteriores, fue conducida y llevada hasta su culminación con el mayor de los éxitos.

Los contingentes, todavía numerosos, que guarnecían Guaymas y Mazatlán, al ver que no podían unirse con el general Mier, en Guadalajara, se embarcaron nuevamente en Manzanillo, fueron hasta Salina Cruz, donde acabaron por ser licenciados y desarmados; la columna de caballería que incomunicó a Guadalajara con Irapuato, se estacionó como había sido previsto por el general Obregón en El Castillo, y ahí fue hecha pedazos una importante fuerza huertista, hasta el extremo de que en la acción perdió la vida el mismo general Mier.

Y la batalla de Orendain terminó antes, en un triunfo para los revolucionarios, que avanzaron sobre Guadalajara primero y que siguieron con destino a Irapuato a las órdenes del general Obregón.

Ahora bien, aun cuando los historiadores a quienes deslumbró la aureola de las victorias que obtuviera el general Villa, declaran que la toma de Zacatecas consumó la liquidación del huertismo, lo cierto es que después de la derrota de Medina Barrón, éste siguió con las pocas fuerzas que le quedaban con destino al Sur, tratando de agrupar los contingentes federales que todavía operaban en Aguascalientes, en San Luis y en el Bajío; en tanto que Villa se replegaba rumbo a Torreón y Victoriano Huerta seguía en la capital de la República.

Si se examinan calendáricamente las fechas en que ocurrió la batalla de Zacatecas y las fechas en que se libraron las batallas de Orendain y El Castillo, será fácil establecer que Huerta no presentó su renuncia a la Presidencia de la República después de que sus contingentes fueron vencidos en Zacatecas por Villa, sino después de que sus fuerzas ubicadas en el occidente, cuyo núcleo principal estaba en Guadalajara, fueron derrotadas por Obregón.

La batalla de Zacatecas se terminó, gloriosamente para Villa, el 23 de junio de 1914; el general Obregón triunfó en Orendain el 7 de julio, entró a Guadalajara el 8 de julio y triunfó nuevamente en El Castillo al día siguiente, 9 de julio. Y no pudo ser una operación carente de importancia militar, puesto que las fuerzas federales se movían en cincuenta y tres trenes militares, que los contingentes revolucionarios capturaron.

Pues bien, Victoriano Huerta no presentó su renuncia sino el 15 de julio, o lo que es lo mismo, seis días después de la última victoria del general Obregón. Para estas fechas, por lo demás, cerca de 20,000 revolucionarios de las fuerzas constitucionalistas —y ni un solo hombre de Villa— estaban posesionados ya de San Luis Potosí.

Todo ello no quiere decir, por supuesto, que Villa

no triunfara en grandes batallas, ni que sus esfuerzos en la lucha armada carezcan de importancia. Por el contrario, el golpe de sorpresa que diera audazmente con el asalto a Ciudad Juárez, la batalla de Tierra Blanca, las batallas de Torreón, San Pedro de las Colonias y Zacatecas, sobre todo, privaron a Huerta de algunos de sus mejores contingentes, pero el honor de derrotar a Huerta no le correspondió a un solo hombre: Villa, ni a un solo contingente armado: la División del Norte, sino a todos los ciudadanos mexicanos que en 1913 se levantaron en armas para restablecer el orden constitucional y para castigar la traición de Victoriano Huerta.

La importancia contingente de algunas de las muchas acciones de armas que se libraron en la República permite definir, en efecto, hasta que punto, y en determinados momentos, el fiel de la balanza se fue inclinando de uno a otro platillo y cómo algunos centros de operación tuvieron significación destacada dentro del gigantesco proceso de la lucha armada que ensangrentó al territorio mexicano .

No sé lo que los periódicos norteamericanos de California hayan podido publicar con respecto a los acontecimientos que tuvieron lugar en México a raíz de la Decena Trágica. Me atrevo a creer, sin embargo, que no puede diferir mucho de lo que vio la luz en el *Brownsville Herald*, que he tenido oportunidad de consultar en alguna fecha reciente en que fui a Matamoros, Tamaulipas.

Según las noticias que se insertaban, o de acuerdo con la importancia que los distintos corresponsales de prensa le asignaban a una operación cualquiera, así se iban iluminando los distintos teatros de operaciones:

primero en Coahuila, después en Sonora, más tarde en Tamaulipas, en Chihuahua, en Zacatecas y en Morelos, pero cronológicamente tiene que aceptarse la significación política y moral que tuvieron los planteamientos iniciales.

El mayor honor tiene que reconocérsele a don Venustiano Carranza, gobernador del Estado de Coahuila, que desde el 9 de febrero de 1913 desconoció a Huerta, y que el 26 del mismo mes promulgó el Plan de Guadalupe, que le sirvió de bandera a la Revolución Constitucionalista.

Don Venustiano Carranza se desplazó en seguida a otras regiones de Coahuila y trató, meses más tarde, de organizar el ataque a Torreón, mediante combates que se desarrollaron entre el 22 y el 30 de julio de 1913, pero lo importante es reconocer que todas las fuerzas agrupadas por Victoriano Huerta para combatir a la Revolución y que integró la columna mandada por el general Joaquín Mass, no lograron ocupar la ciudad de Monclova, considerada como primer cuartel general del constitucionalismo, sino en septiembre de 1913.

Mientras tanto, el 22 de abril de 1913, las fuerzas del 21º Regimiento Rural habían atacado, aunque no la tomaran, Ciudad Victoria, capital de Tamaulipas, y el mismo día Lucio Blanco, desprendiéndose de Coahuila, por orden de don Venustiano Carranza, se hacía sentir ya en Burgos, en Méndez, en San Fernando y en Jiménez, para posesionarse de una extensa área del norte de Tamaulipas y dar por fin, con éxito, la batalla de Matamoros, que culminó con la ocupación de esta ciudad y puerto fronterizo el 4 de junio de 1913.

Sonora, por otra parte, había expresado la voluntad de combatir a la dictadura a pesar de las indecisiones y reticencias del gobernador Maytorena. El 23 de febrero el presidente municipal de Fronteras había desarmado a la pequeña guarnición federal, Manuel M. Diéguez se lanzaba a la Revolución en Cananea y Pedro Bracamontes y Plutarco Elías Calles se adherían igualmente a la Revolución.

Presionado por todos los jefes que se sublevaban, el gobernador Maytorena no tuvo más recurso que el de solicitar licencia el 26 de febrero. El gobernador sustituto, don Ignacio L. Pesqueira, debidamente autorizado por el Congreso del Estado, pudo entonces desconocer a Huerta el 5 de marzo y, ya sin problema político en la retaguardia, el todavía coronel Álvaro Obregón inició su brillante campaña militar. El 8 de marzo tomó Nogales, el 25 Cananea, y Naco el 13 de abril. Dueño ya de la frontera, pudo hacer frente a las fuerzas que salieron a combatirlo desde Guaymas, derrotándolas primero en Santa Rosa y después en Santa María: mayo de 1913.

No le resta gloria a la estrella militar de Villa, decir que, cauteloso, como siempre fue, y deseoso de no dar pasos en falso, aunque después, en el momento de la acción, se precipitara como un huracán, el Centauro del Norte no se lanzó a la Revolución sino en abril de 1913, es decir, cuando ya se habían levantado en armas numerosos revolucionarios, no sólo en Coahuila, en Sonora y en Tamaulipas, sino en el mismo Chihuahua.

Para cuando Villa cruzó la frontera, en efecto, Manuel Chao y Maclovio Herrera habían ya ocupado Parral, y en Sierra Mojada, en Camargo y en Ojinaga venían operando con éxito Toribio Ortega, Rosalío Hernández y Trinidad Rodríguez, entre otros. Sin haber sido el primero en lanzarse a la Revolución, es en cambio altamente significativo, y clara demostración del magnetismo con que se hacía sentir la simpatía de que disfrutaba —en reconocimiento de sus dotes de mando—, que a todos los jefes revolucionarios antes nombrados, y a otros que habían operado en la Comarca Lagunera, como Tomás Urbina, Calixto Contreras, Pánfilo Natera, José Isabel Robles, Eugenio Aguirre Benavides, Villa los sumó inmediatamente a sus contingentes, para formar con todos ellos la gloriosa División del Norte.

Capítulo aparte merece seguramente desentrañar la ponzoña de todas las pasiones, intrigas e intereses mezquinos que mediaron para que se produjera la escisión entre carrancistas por un lado y villistas y zapatistas por el otro.

Después de que Villa se retiró rumbo a Torreón, en espera del desarrollo de los acontecimientos, hubo jefes revolucionarios que con la representación de los generales del Cuerpo de Ejército del Noreste, fueron a entrevistarse con Villa para exhortarlo a que volviera a la obediencia. Fueron los generales Antonio I. Villarreal, Cesáreo Castro y Luis Caballero. Regresaron con un documento hasta cierto punto ambiguo y don Venustiano, firme en su deseo de hacer respetar su autoridad, pero con ánimo de conciliación también, concedió el ascenso a divisionario que se le pedía para Villa, pero que a éste, ensoberbecido, no le bastó.

Después de entrar a la capital de la República, el general Obregón fue también a entrevistarse con Villa, en dos ocasiones distintas, tratando de inducirlo a que recapacitara sobre la crueldad de los sacrificios que representaría una nueva escisión, y lo patriótico que resultaría por el contrario restablecer la unidad revolucionaria.

Obregón se condujo en este caso no sólo con lealtad de revolucionario y con patriotismo, sino con desprecio de los peligros que corría su propia vida. Es bien sabido que en uno de los raptos de ira que Villa solía tener, estuvo a punto de fusilar a Obregón. Más aún: de regreso a la ciudad de México, habiendo fracasado Obregón en sus gestiones conciliatorias, y desoyendo Villa las voces de buenos consejeros que le hacían ver el error en que incurría mandando fusilar a Obregón, que había llegado hasta Chihuahua como mensajero de paz, sólo por circunstancias verdaderamente fortuitas y el sueño de un telegrafista del ferrocarril, impidieron que el tren en que iba Obregón fuera detenido en el camino para que Villa cumpliera su propósito de asesinarlo.

Durante los debates de lo que se llamó la Soberana Convención, cuando Carranza depositó en todos los jefes revolucionarios la autoridad que le había conferido el Plan de Guadalupe, fueron todavía numerosos los jefes —Obregón uno de ellos— que abogaron porque se aceptara un sacrificio de personalidades: la de Carranza, por un lado, la de Villa por otro, a fin de que, privados de toda participación en la cosa pública, la Convención designara un presidente provisional, que lo fue el general Eulalio Gutiérrez, a quien se le confió el encargo de encarrilar al país por la senda de su difícil y escabrosa reconstrucción.

A pesar de que Villa parecía aceptar que lo retiraran del mando de la División del Norte, y no obstante también de que Carranza, mucho más sutil que el resto de los revolucionarios, supo desde el primer momento que la avidez de mando que dominaba a Villa no reconocería freno, medió un bien intencionado propósito para organizar el llamado "gobierno de la Convención", teniendo como cuerpo deliberativo y emanación de la legalidad a la Convención misma.

Pero ocurrió que mientras Carranza se retiraba a Veracruz, en espera del desarrollo de los acontecimientos, a reserva después de que saldría al extranjero si Villa también lo hacía, el Presidente de la Convención, Eulalio Gutiérrez, presionado por los generales de la División del Norte, acabó por pedir que Villa mandara las fuerzas que deberían servirle de sostén, y vio debilitarse su autoridad y consumarse escenas de violencia que hicieron retroceder aun a jefes de fuerzas villistas bien intencionados, porque supieron que Villa no podría ser el brazo armado de un gobierno civil, sino el castrense que obrara sin freno, siguiendo los arrebatos que le apuntara su capricho.

Las cosas llegaron hasta el extremo de que Eulalio Gutiérrez, sin carácter ni agudeza política, seguramente, pero de ninguna manera carente de dignidad, de patriotismo y de hombría, acabó por romper con Villa.

En una entrevista dramática, parecida a la que había tenido lugar en Chihuahua, entre Carranza y Villa, se enfrentaron una vez más Eulalio Gutiérrez, Presidente de la Convención, y Francisco Villa, jefe supuesto de las fuerzas que le deberían obediencia. Se puso en claro que Villa no se sometía a Eulalio Gutiérrez y que Eulalio Gutiérrez tampoco quería ser un Presidente fantoche, que manejara Villa.

Varios de los jefes que deseaban sinceramente apoyar

al Presidente Provisional, Eulalio Gutiérrez, creyendo que así evitarían la lucha entre carrancistas, villistas y zapatistas, alentaron el sueño de constituir una tercera fuerza que, al amparo de la Convención, se impusiera sobre las demás facciones. En determinado momento, Eulalio Gutiérrez, con las fuerzas que pudo reunir, abandonó la ciudad de México, para encaminarse al norte. Lo acompañaban los generales José Isabel Robles, Eugenio Aguirre Benavides, Lucio Blanco y varios otros más cuyo nombre no viene al caso mencionar. La aventura no fue de larga duración. En San Felipe Torres Mochas, al norte del Estado de Guanajuato, fuerzas villistas cayeron con extrema violencia sobre la columna desorganizada de los convencionistas y la destrozaron.

Para esas fechas, el Presidente de la Convención no contaba siquiera con la Convención misma. Los delegados villistas y zapatistas se habían quedado en México. Con el apoyo de Francisco Villa, había un nuevo Presidente de la Convención: el general Roque González Garza.*

La ruptura de Eulalio Gutiérrez con Villa debe considerarse altamente significativa para explicar la forma como, al contrario de lo que había ocurrido en abril de 1913, cuando el Villa guerrillero, luchador contra la Dictadura, lograba amalgamar y poner a sus órdenes a todos los jefes revolucionarios que, cada quien por su lado, se habían lanzado a la lucha; así también cuando Villa sólo se manejaba ya guiado por su soberbia y por su capricho, haciendo tabla rasa de conveniencias y escrúpulos, muchos de los jefes que le habían

* Véase la nota aclaratoria IV, en la p. 76.

ayudado a triunfar se le iban separando, con el resultado natural de que las fuerzas del carrancismo, agrupadas precisamente alrededor del general Álvaro Obregón, le quitaran el prestigio militar de invencible en que tenía su principal apoyo la soberbia de Villa.

El primer general que se apartó de Villa, y uno de los más aguerridos también, fue Maclovio Herrera; pero no fue el único. Con Eulalio Gutiérrez se incorporaron, como antes se dijo ya, jefes villistas tan prestigiados como José Isabel Rodríguez y Eugenio Aguirre Benavides. Más tarde se fueron separando otros, que no aprobaban ya las arbitrariedades, los excesos de violencia que cometía Villa, puesto que siendo general de división, y jefe de contingentes militares con los que se trataba de pacificar al país, devolviéndolo al orden constitucional, no era admisible que dejara de respetar conveniencias y normas de conducta que prestigiaran a cualquier autoridad.

Citados por orden alfabético a los que se separaron de Villa, cabe mencionar al entonces teniente coronel Lázaro Cárdenas, que llegaría a ocupar la Presidencia de la República; y además, sin nombrarlos a todos, a los generales Marcelino García Barragán, que desempeñó no hace mucho la Secretaría de la Defensa Nacional; Praxedis Giner, que fue gobernador del Estado de Chihuahua; Maclovio Herrera, Anacleto López, Manuel Madinabeitia, Pánfilo Natera, Alfredo Rueda Quijano, etc., etc. Otros, como Juan G. Cabral, emigraron, para no tomar partido en la escisión.[6] Que Carranza primero y Eulalio Gutiérrez después, aceptaran la absoluta necesidad de romper con Villa, debe pues atribuirse, por mucho que ello opaque la gloria de Villa, a

6 Ver la nota aclaratoria final en la p. 76.

la forma como éste se empeñó en gobernarse por su solo capricho, sin resignarse a reconocer la menor subordinación ante ninguna autoridad civil.*

Carranza tuvo con Villa hasta dificultades de carácter internacional, bien porque el divisionario norteño mandara ejecutar o asesinar civiles, según los rumores que corrieron —el caso de William Benton—; bien porque, siendo únicamente jefe militar, se tomara licencias como la de cambiar comunicaciones y externar opiniones frente a gobiernos extranjeros, como ocurrió cuando las fuerzas norteamericanas desembarcaron en Veracruz, en 1914.

Si se repasa la correspondencia que Carranza tuvo que cambiar para dar respuesta a peticiones, o quejas, que le eran sometidas por agentes consulares extranjeros, no costará trabajo averiguar que casi todas ellas, y las más graves, tuvieron por origen actos de Villa.

En carta fechada en Chihuahua el 17 de diciembre de 1913 —para citar un primer ejemplo—, el cónsul de los Estados Unidos de Norteamérica hacía saber que personas desafectas al constitucionalismo estaban siendo detenidas y que no se les extendían salvoconductos para que salieran de Chihuahua. Por instrucciones del Departamento de Estado se le pedía a Villa que interpusiera su influencia para que esa situación se enmendara, haciendo ver, de paso, que las quejas recibidas producían una impresión desfavorable porque afectaba a no combatientes, especialmente si se trataba de mujeres y niños.[7]

En vísperas del ataque a Torreón, un telegrama fechado en Washington el 9 de febrero de 1914, hacía

* Véase la nota aclaratoria V, en la p. 76.
[7] *El Constitucionalista*. Número del 17 de enero de 1914.

saber, poco después, que tanto el presidente Wilson, como el secretario Bryan, habían celebrado una larga conferencia, y que al salir de ella, el segundo había expresado su confianza en el sentido de que el general Villa respetaría a los extranjeros que habitaban en la ciudad de Torreón, y también que éstos no tomarían parte en los combates que se avecinaban.[8]

No deja de ser significativo, a este respecto, que en el periódico que era órgano oficial de la Revolución no se expresaran dudas semejantes por cuanto al comportamiento de otros contingentes armados.

No vale la pena de insistir más sobre estos penosos casos, ni especialmente sobre las quejas que el gobierno de la Gran Bretaña presentó sobre la muerte de William Benton y la forma como, tomándose atribuciones que no le correspondían —fue además el único que lo hizo—, correspondió con autoridades norteamericanas al ocurrir la ocupación de Veracruz, pasando por alto la obediencia que le debía a la Primera Jefatura.

En los dos casos anteriores, Villa actuó de propia autoridad sin respetar la disciplina que le debía a Carranza: y hubo todavía otro caso en que Villa no vaciló frente a la eventualidad de provocar un conflicto internacional, que llenara de preocupación a Carranza y que le dejara a él, Villa, mayor libertad de acción para actuar en su lucha.

Nos referimos naturalmente al asalto que Villa ordenó a la población de Columbus, ubicada en la frontera de los Estados Unidos de Norteamérica, y que la leyenda considera, por cierto, como uno de los golpes de audacia que se le deben reconocer al haber del guerrillero norteño.

[8] *El Constitucionalista*. Número del 10 de febrero de 1914.

En realidad no hubo tal. A petición de sus subalternos, para que no corriera el peligro de que le dieran muerte balas norteamericanas, Villa no entró a Columbus, sino que permaneció a la expectativa, cerca del teatro de la acción, pero sin cruzar la línea divisoria; acto seguido se retiró a esperar los resultados de su golpe espectacular.

Esos resultados no se hicieron esperar. Trajeron la llamada "expedición punitiva", que entró supuestamente en persecución de Villa, y que Villa tuvo el cuidado de eludir. Cuando Carranza consideró que ya era contrario al decoro nacional permitir que fuerzas extranjeras avanzaran en todas direcciones en territorio de Chihuahua, para localizar a un Francisco Villa que resultaba tan difícil de capturar como habría sido encontrar una aguja en un pajar, Carranza dio instrucciones para que las fuerzas mexicanas impidieran, por las armas, los nuevos desplazamientos de las fracciones de la expedición y que soldados mexicanos combatieran a un escuadrón de caballería norteamericano. Fueron en realidad éstos los únicos disparos que los perseguidores de Villa pudieron cambiar con mexicanos, pero fueron soldados mexicanos, carrancistas, no villistas. Ni Villa, ni ninguno de sus hombres empeñó nunca combate contra las fuerzas norteamericanas.

Con lo anterior he querido justificar hasta qué punto fue el carácter arrebatado de Villa, y no la obcecación de Carranza, que por lo demás también solía tenerla, la causa del choque final que en combates dramáticos empeñaron las fuerzas norteñas de Villa contra las fuerzas constitucionalistas que mandaba Álvaro Obregón.

Se encontraron frente a frente dos generales que habían conducido con éxito sus respectivas campañas contra las fuerzas huertistas y habían ganado combates espectaculares aunque, a decir verdad, las victorias de Villa habían sido más comentadas y siguen mereciendo la alabanza de quienes las narran, sobre todo por parte de los gloriosos supervivientes que tomaron parte en ellas.*

Es de notar, por cierto, que en el momento decisivo de los encuentros las fuerzas de Villa estaban prácticamente enteras, y que los generales que se habían separado: José Isabel Robles y Eugenio Aguirre Benavides, por ejemplo, habían sido ya liquidados y carecían de valor militar; en tanto que el general Obregón salía al encuentro de Villa sin buena parte de sus caballerías, que se habían incorporado con Eulalio Gutiérrez; tampoco contaba con valiosos contingentes que con una nueva estrategia de iniciar hostilidades en varios campos de operación se habían destacado en el Occidente, en el Noroeste de la República y aun en el Sureste. El general Obregón, además, se alejaba de su centro de abastecimiento, que estaba en Veracruz, con su retaguardia amenazada por las fuerzas zapatistas, y para aventurarse en terreno poco conocido para él: el del Bajío. Sin embargo, todas las glorias militares que Villa había conquistado derrotando al ejército huertista quedaron opacadas cuando Obregón consiguió vencerlo en las batallas famosas que fueron libradas desde Celaya hasta Aguascalientes.

Los jefes villistas y los que por interés partidista, o por simple adhesión, siguen fieles a la memoria de Villa no han querido aceptar que su ídolo fuera superado militarmente por un general, Obregón, a quien juzgaban menos capacitado y que, hasta por el decoro con que

* Véase la nota aclaratoria VI, en la p. 82.

portaba el uniforme militar, Villa apodaba despectivamente "el Perfumado".

Al producirse la ruptura, parecía que el grupo de la Convención que después fue denominado zapato-villista, barrería fácilmente con los constitucionalistas. Por razones que después se vio que eran buenas desde un punto de vista táctico, todas las principales ciudades de la República fueron abandonadas por los que seguían a Carranza. En ese caso estuvieron México, Guadalajara, Puebla, etc., etc.

Poco a poco, sin embargo, la marea del constitucionalismo principió a subir de modo constante y el villismo a perder terreno. Para ocupar San Luis Potosí, Saltillo, Monterrey y Ciudad Victoria, Villa desguarnece entonces puntos importantes que los constitucionalistas recuperan; mientras, Obregón se organiza, toma Puebla, ocupa temporalmente la capital y después de establecer su línea de comunicaciones con Veracruz, por la línea Ometusco y Pachuca, sale rumbo al Norte, para enfrentarse con la División del Norte y para medirse con Villa.

Me parece pertinente, a estas alturas, abrir un pequeño paréntesis. En el hervidero de pasiones que suscitó la Revolución Mexicana, los jefes que se iban levantando en armas, incomunicados con el Primer Jefe, sin contacto entre sí, sin haberse tratado ni conocerse siquiera en muchos casos, hicieron su guerra al tenor de su propia iniciativa, sin más mira distante, al principio, que la de derrocar a Victoriano Huerta. Fueron aumentando en prestigio, en la medida en que ganaban batallas y engrosaban sus contingentes, en tanto que sus subordinados los exaltaban, para crecer ellos mismos, y los consagraban como sus caudillos.

GRAL FRANCISCO VILLA

Francisco Villa al lanzarse a la Revolución en Sierra Azul, Chihuahua, noviembre de 1910.

Francisco Villa, coronel irregular
cuando se incorpora a la División
del Norte, para salir a combatir
Pascual Orozco.

Francisco Villa después de
la toma de Ciudad Juárez.

Villa a caballo —una de las fotografías más características—, al
entrar a Torreón, el 2 de octubre de 1913.

Villa a caballo, esta vez al entrar a Ciudad Juárez, el 15 de noviembre de 1913.

Francisco Villa entrando a San Pedro de las Colonias, después de haber ocupado Torreón, el 12 de abril de 1914. (Otra de las fotografías más características.)

Villa, Obregón, Pershing y con el entonces teniente coronel George S. Patton, en Ciudad Juárez, en agosto de 1914, de paso para Nogales, donde tendría lugar la conferencia con José María May-torena.

Villa con uniforme militar
ya como Jefe de la División
del Norte.

Villa, Jefe de la División del
Norte, al entrar a Tacuba,
en diciembre de 1914.

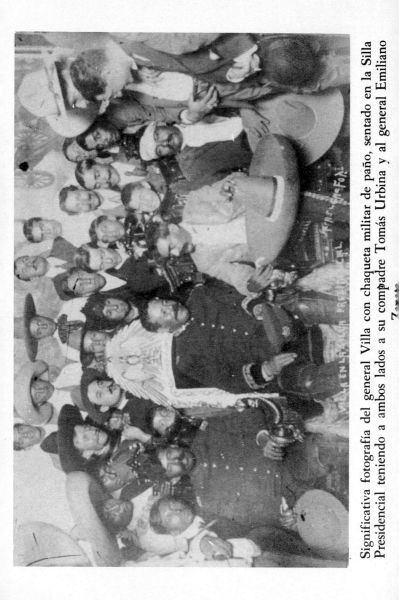

Significativa fotografía del general Villa con chaqueta militar de paño, sentado en la Silla Presidencial teniendo a ambos lados a su compadre Tomás Urbina y al general Emiliano Zapata.

El 30 de mayo de 1915, Villa presenciando el combate de León, después de las derrotas de Celaya.

Cuando ya aparecía aniquilado el 19 de abril de 1919, Villa toma Parral, y el 16 de julio del mismo año, toma Ciudad Juárez.

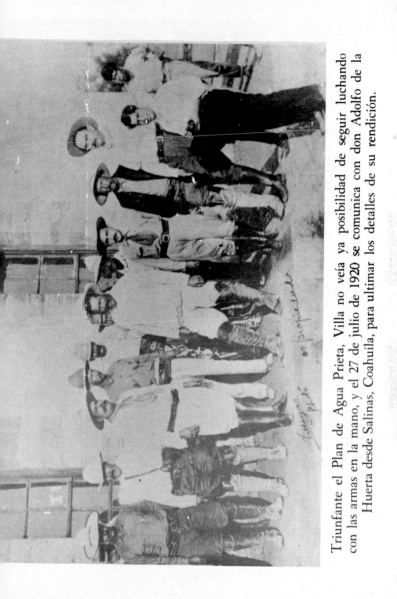

Triunfante el Plan de Agua Prieta, Villa no veía ya posibilidad de seguir luchando con las armas en la mano, y el 27 de julio de 1920 se comunica con don Adolfo de la Huerta desde Salinas, Coahuila, para ultimar los detalles de su rendición.

Francisco Villa, después de su rendición, se perfila como el señor de Canutillo.

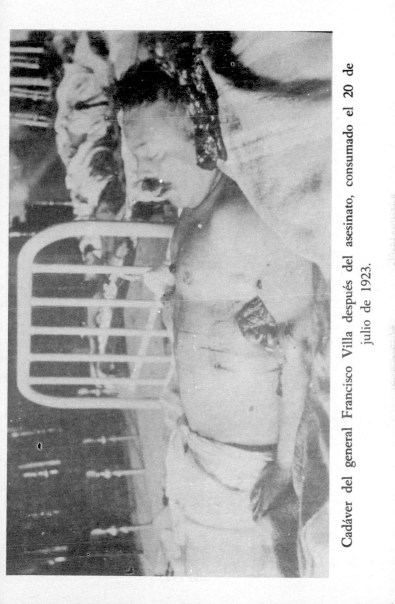

Cadáver del general Francisco Villa después del asesinato, consumado el 20 de julio de 1923.

El general Francisco Villa contrajo matrimonio con Juana Torres, en Torreón, el 7 de octubre de 1913. Con Luz Corral, la de la presente fotografía, se casó civilmente el 16 de octubre de 1915.

En su azarosa vida de guerrillero, el general Villa se volvió a casar civilmente con Soledad Saeñez el 1º de mayo de 1919 en el distrito de Valle de Allende, Chihuahua.

Francisco Villa, con su última esposa, Austreberta Rentería, en la hacienda de Canutillo. Con esta señora se casó por lo civil en Parral, Chih., el 22 de junio de 1921.

Por un falso concepto de la adhesión que le debían a su jefe, los subalternos fueron sembrando la discordia, sin quererlo, sin darse cuenta casi; ahondando más y más, después, la distancia que separaba a sus superiores; éstos, sensibles a la admiración que les testimoniaban sus compañeros de armas, ansiosos de significarse, fueron también cerrando sus filas y alentando recelos frente a los que no eran de su corporación, de su brigada, de su división, de su cuerpo de ejército, a la postre.

Muy al principio del desconocimiento de Huerta, en Sonora, José María Maytorena flaqueó —como antes quedó dicho— y se vio obligado a pedir licencia, dejando el gobierno del Estado. Cuando volvió al desempeño de su cargo, gracias en buena parte a la intervención del general Obregón, supo a pesar de todo que entre los obregonistas tendría opositores. Sintió quizá, también, que el mismo Carranza no podría considerarlo limpio de culpa; se enemistó hasta con el Primer Jefe, más tarde. Apenas iniciadas las operaciones militares contra las fuerzas huertistas que guarnecían el Estado de Sonora, ocurrió también que algunos jefes militares, ignorantes de lo que era una disciplina castrense estricta, criticaran las órdenes de combate que dictaba el general Obregón, fraguaran una celada contra él y trataran inclusive de asesinarlo. Tuvieron que ver en aquel penoso incidente los después generales Pedro Bracamontes y Francisco de Santiago, que siguieron en las filas del constitucionalismo, pero que buscaron abanderarse con otro jefe que ya no fuera el general Obregón. José María Maytorena y Bracamontes se hicieron villistas, Alvarado por algún distanciamiento que ni siquiera se hizo aparente, se identificó más bien con el Primer Jefe, pero éste hizo que entre Obregón y Alvarado hubiera tierra de por medio. Al primero lo mandó al Norte, a combatir a Villa; al segundo le encargó la reconquista de Yucatán, donde se había levantado en armas Abel Ortiz Argumedo.*

Villa fue uno de los jefes que más aislado estuvo de la Primera Jefatura, a raíz de la fecha en que se levantó en armas y por más que sus fulgurantes victorias hicieron que su nombre cobrara brillo y mereciera que se le denominara el Centauro del Norte; no es menos cierto que para cuando Villa se levantó en armas, Obregón ya había ganado victorias, que fueron decisivas para el triunfo final del constitucionalismo, y a las que la prensa huertista restó importancia.

Que Sonora estuviera incomunicado con el centro del país, le facilitó a Obregón, por otra parte, que, a diferencia de Villa, moviera sus contingentes con método; transportara hombres, pertrechos e impedimentas por ferrocarril —mientras podía—; que atacara al enemigo en detalle, sin empeñar acciones frontales —salvo cuando le fue indispensable, como en Santa Rosa y en Santa María—; que despachara tropas que de manera en apariencia insensible, se infiltraran en las zonas ocupadas por el huertismo: a Sinaloa primero, a Nayarit después, a Jalisco a la postre, dejando inmovilizados contingentes que neutralizaba desde un punto de vista táctico, como en Guaymas y en Mazatlán, y que al final no tuvieron más recurso que el de rendirse y dejarse desarmar en Tehuantepec. Le brindó a don Venustiano, por último, un refugio seguro, desde el cual pudiera organizar al gobierno constitucionalista y ser ya, de hecho, por fin, su Primer Jefe. Cuando Villa se levantó en armas, en otras palabras, los sonorenses tenían ya un

* Véase la nota aclaratoria VII, en la p. 82.

reducto que los huertistas no se atrevieron a violar, y se conformaron con mandar auxilios para que Guaymas primero, y Mazatlán más tarde, se sostuvieran. Los sonorenses eran ya tan poderosos, en todo caso, como para que Villa recibiera sus primeros auxilios de ellos. Y don Venustiano decidió, seguramente sin ninguna idea preconcebida, poner inicialmente a Villa a las órdenes de Obregón, a pesar de que la Sierra Madre Occidental separaba las dos entidades fronterizas y sólo por malos caminos se podían comunicar.

Nada de eso contó para fortalecer el sentimiento de unidad que debió hermanar a los revolucionarios, ni para que se afirmara el concepto de obediencia hacia Carranza. Todo ello fue preparando la catarsis que separó a los elementos levantiscos, indisciplinados, atrabiliarios que no encontraron ya acomodo al llegar la hora de que el constitucionalismo·se hiciera gobierno.

Hay que remontarse hasta los clásicos castellanos, hasta Saavedra Fajardo, por ejemplo —consúltese al efecto la obra titulada *Idea de un príncipe político cristiano*—, para entender mejor el modo tan distinto como Obregón y Villa comprendían su papel, en tanto que comandantes de los contingentes armados que manejaban y para explicarse las victorias definitivas que el primero obtuvo en los campos del Bajío.

Para Villa, ya no como guerrillero, sino como divisionario, lo único que contaba era el ataque frontal, el desgaste del enemigo, atacándolo de una en una de sus posiciones, obligándolo a consumir municiones, a disponer de sus reservas para cubrir las bajas que ocasionaba la lucha, a minarlo en su resistencia física y en su moral, a fuerza de no darle respiro, ni para comer, ni para dormir.

Obregón, en cambio, examinaba el campo de operaciones en el que debía operar, se atrincheraba tras el resguardo de los accidentes naturales que le parecían propicios, tras las loberas, inclusive, que sus yaquis excavaban con la bayoneta de sus fusiles, y resistía el golpe brutal de la aguerridas caballerías villistas, cuyas cargas las habían hecho famosas.

Contra los federales la táctica de Villa pagó jugosos dividendos. En cuanto cundía la noticia de que el jefe de la División del Norte estaba empeñado en cualquiera de las batallas que lo hicieron célebre, jefes que no formaban parte aún de la División del Norte se apresuraban a incorporarse, o venían a darse de alta nuevos hombres, jóvenes y animosos.

El novelista Rafael F. Muñoz le puso título a ese empuje arrollador cuando escribió el libro famoso, representativo, a su manera, que llamó *Vámonos con Pancho Villa*. Pero cuando ya no se trató de combatir a Victoriano Huerta, sino de elegir el bando en el que las circunstancias obligaban a enrolarse, cuando se tuvo que optar por el dramático dilema que fue unirse con Carranza, o con Villa, el reclutamiento y las adhesiones fueron mucho más parsimoniosos, y el reemplazo de las bajas que causaba la campaña, mucho más difícil.

Fue entonces cuando, sin que Obregón hubiera leído sus clásicos españoles, pero captando el mensaje que su prudencia le dictaba, se dijo que la victoria, en las guerras justas, tiene por fin la paz, obligando a ella, y a la razón, al enemigo; que por eso mismo, Scipión el Africano decía que le importaba más la vida de uno de sus soldados que la muerte de muchos enemigos, y por eso también los capitanes prudentes evitan, hasta donde pueden, las batallas y los asaltos, y tienen por mayor gloria obligar a que se rinda el enemigo, mejor que vencerlo por la fuerza.

Paso por alto la forma como Obregón condujo en su etapa final la campaña contra Villa, haciéndolo retroceder a Torreón, y ocupando sucesivamente Torreón, Chihuahua y Ciudad Juárez, es decir, los sitios en que Villa había ganado sus mejores victorias.

Considero episódico, también, que Villa concibiera el plan atrevido de abandonar con sus fuerzas el Estado de Chihuahua, para caer como huracán sobre el de Sonora y tomar venganza en sus poblaciones de las ofensas que supuestamente le había inferido Obregón.

No puede olvidarse, en cambio, que Villa, desangrado, derrotado, abandonado por muchos de los suyos, siguió en pie de lucha, erguido, altivo, indomable, cayendo y levantándose, pero siempre en actitud de lucha, sin dejar de constituir peligro, capaz de ocupar todavía la ciudad de Chihuahua, sacando no se sabe de dónde, recursos humanos que le permitieran apoderarse por sorpresa, como había hecho antes, en 1913, de Ciudad Juárez, donde aparentemente había concentrados elementos suficientes para defender la plaza.

El general Jaurrieta, que fue uno de los villistas que siguieron a su jefe en las últimas etapas, escribió unas memorias, desgraciadamente inéditas, y de las que sólo he logrado obtener una copia incompleta, pero en las que da testimonio exacto de todo lo peligroso que fue Villa hasta 1920.

Auténtico rayo de la guerra, centauro indomable, devorador de distancias, en galopes que pregonaba la fábula, dejando abandonada la caballada cansada, para montar bestias de refresco, Villa —como ya se dijo— aparecía y desaparecía donde menos se le esperaba, mantenía alerta guarniciones que aún así eran sorprendidas, y causaba destrozos que cuesta trabajo imaginar. Fue la época en que, según se dice, con candor no carente de gracia, algún jefe rindió parte de novedades diciendo: "Tengo el honor de informarle a esa superioridad, que Villa está en todas partes y en ninguna de ellas a la vez." Ésa fue la vida azarosa de Pancho Villa, guerrillero indomable, de 1916 a 1920.

El empeño de don Venustiano Carranza por entregarle el poder a un candidato que fuera de su confianza, pero que no gozaba de ninguna personalidad, ni de prestigio, como para enfrentarse a la popularidad arrolladora del general Obregón, determinó la expedición del Plan de Agua Prieta, que fue hasta cierto punto, según cáustica pero certera expresión del licenciado Cabrera, "una huelga de generales".

En el momento de la confrontación final fueron muy pocos, en efecto, los jefes militares que por lealtad personal a don Venustiano Carranza, o por estar ligados sin apelación a su causa, siguieron a su lado. Otros se habían retirado, junto con el general Obregón, desde 1917. El general Plutarco Elías Calles, por su parte, renunció a la Secretaría de Industria y Comercio diciéndole francamente a don Venustiano que no compartía sus propósitos. El general Benjamín Hill se despidió lealmente de don Venustiano, dándole la mano y diciéndole: "Hasta aquí estuve con usted, jefe." Otros se conformaron con guardar silencio, pero siguieron la senda que sus convicciones o que sus intereses les trazaba, y en la ebullición general, anticarrancistas que

54

habían seguido levantados en armas, se adhirieron al Plan de Agua Prieta y reclamaron los honores del triunfo.

Fueron aceptados así numerosos generales y Villa trató de ser uno de ellos, pero ni don Adolfo de la Huerta, que era el Presidente Provisional; ni el general Plutarco Elías Calles, que desempeñaba la Secretaría de Guerra; ni el general Obregón, que era naturalmente el jefe del movimiento y el que controlaba políticamente la situación, juzgaron prudente que Villa volviera a tener oportunidad de escalar altas posiciones ni, menos aún, que se diera aires de triunfador.

Villa principió por reconocer el movimiento de Agua Prieta y pidió que se le dejara controlar el Estado de Chihuahua y el mando militar de dicha entidad. A ello se opuso terminantemente el gobierno. Hubiera sido tanto como erigir el Estado de Chihuahua en un feudo villista y sembrar, como bomba de tiempo, un peligro que tarde o temprano hubiera sido preciso encarar, como antes había hecho Carranza.

Se aceptó, pues, que Villa se rindiera, se le permitió contar con una pequeña escolta, que le sirviera de resguardo y se le entregó una hacienda, la de Canutillo, para que él y sus hombres la trabajaran disfrutando de la paz que después de tantos años de lucha tenían bien merecida.

Me acerco al último capítulo del drama, que fue el lamentable asesinato de Villa.

Como los glóbulos diminutos de agua que forman las nubes, y que cuando éstas son arrastradas por vientos tempestuosos, chocan entre sí y generan una electricidad que ilumina el cielo con relámpagos, y se descarga en rayos que siembran destrucción y pavor, así también los hombres, cuando son arrebatados por el huracán de las revoluciones, se electrizan, chocan, se destruyen entre sí y descargan su rabia, haciendo víctimas de ella a quienes los rodean.

Ave de tempestades, envuelta en la masa cargada de electricidad de la Revolución mexicana, Villa fue, en vida, polo de atracción para quienes lo siguieron hasta la muerte; objeto de odios apasionados para los que tuvieron la dolorosa necesidad de enfrentársele, y que en no pocas ocasiones perdieron la vida en ese empeño. Cuando cayeron, además, arrastraron tras de sí, en su ruina, a muchos de los suyos, como ocurrió con la familia de Maclovio Herrera, a quien Villa nunca perdonó que lo hubiera abandonado para unirse a Carranza.

Bajo ese signo cupo todo lo que se relaciona con la vida atormentada, intensa, batalladora de Villa, a partir de la fecha en que se lanzó a la revolución maderista, en 1910, hasta que una celada que la astucia del guerrillero norteño no previó, puso término a su existencia.

Del mismo modo que la leyenda de su invencibilidad se empeñó en atribuir a causas no castrenses, sino políticas, las derrotas que sufrió Villa, cuando se enfrentó a Carranza, así también se atribuye a razones ajenas a una conjura movida por minúsculos intereses locales la muerte de quien fuera admirable jefe de la División del Norte.

Afloraron así, espontáneos, rumores que calificaron el crimen de político; hubo después intereses políticos, reales, eso sí, que recogieron y ampliaron la resonancia de esos rumores, para ponerlos al servicio de su causa, que sería la de la sublevación delahuertista de 1923.

En la Cámara de Diputados, que controlaba todavía el grupo Cooperatista, definido ya a favor de don Adolfo de la Huerta, se tomó inmediatamente el acuerdo de integrar una comisión que se trasladara a la ciudad de Parral, Chihuahua, para investigar los hechos.

Fundada en suposiciones, que alimentaron los prejuicios, la comisión de referencia sostuvo que el asesinato de Villa debía clasificarse entre los que tienen "carácter político". Se condensó el resultado, vagamente, en el sentido de que la Asamblea, es decir, la Cámara de Diputados, era la única capacitada para tomar las orientaciones que más convinieran; la comisión, por su parte, se limitó a declarar que el asesinato de Villa no tenía los caracteres de un delito del orden común.

La Asamblea, por lo demás, no encontró bases para tomar ningún acuerdo concreto. Sembrada la suspicacia, que era lo que se buscaba, apuntada vagamente la calumnia, ni siquiera convenía pedir que se fuera más lejos. El Presidente de la República sí lo hizo; pocos días después se logró la detención del director del complot; se supo de los móviles que habían entrado en juego. Apareció entonces, como autor intelectual y consumador principal del asesinato, un señor Melitón Lozoya a quien Villa, muy a su manera, había amenazado de muerte, si en un plazo perentorio no le devolvía los bienes que figuraban en el inventario de la Hacienda de Canutillo, y que Lozoya había vendido por orden del antiguo propietario, señor Jurado, antes de que ni éste, ni Lozoya, sospecharan que Canutillo le sería entregada a Villa.

Los que sostienen la versión del crimen político, citan como antecedente, por otra parte, declaraciones jactanciosas que Villa le formuló al periodista Regino

Hernández Llergo, y sobre las cuales se afirma temerariamente que alarmaron a los generales Obregón y Calles.

Quienes tal dicen, olvidan la entereza, la serenidad y la cautela con las que, respetuosos de su investidura, procedieron en circunstancias más críticas y ante peligros más reales, los dos caudillos sonorenses.

Se pregunta Antonio Villanueva, por ejemplo, lo que hubiera ocurrido si al levantarse en armas don Adolfo de la Huerta, el 4 de diciembre de 1923, Villa no hubiera estado muerto y la División del Norte disuelta.

Cabe aclarar, por principio de cuentas, que la espina vertebral de la División del Norte había sido rota en los campos de batalla del Bajío, en 1915, y que antes de abandonar Chihuahua, ya cuando los soldados constitucionalistas se acercaban a lo que fuera el cuartel general del villismo, el mismo Villa disolvió lo que le restaba de ejército organizado, para reanudar sus correrías de guerrillero, en las que perseveró, hasta que aprovechó la coyuntura que le brindó el Plan de Agua Prieta para rendirse y para iniciarse, como nuevo Cincinato, en las faenas agrícolas.

Incapaz de reconocer que no era ya hombre que pudiera cambiar los destinos del país, Villa se vanagloriaba todavía, ante Hernández Llergo, de que tenía un gran partido "ante su pueblo", pero todos sabemos que ese "su pueblo" no era "el pueblo", ya que en 1915 había sido repudiado y batido, política y militarmente.

En alguna otra de sus bravatas, Villa declaró también a la prensa que al conjuro de su voz —a un solo grito, como literalmente dijo— reuniría en 24 horas 50,000 hombres, pero ni Obregón ni Calles eran como para dar por hecho lo que se les decía. En Chihuahua, en septiembre de 1914, Villa hizo desfilar ante Obregón su poderosa División del Norte, que para cuando ordenó el ataque de Zacatecas constaba ya de 21 brigadas que sumaban 23,000 hombres y tenía 38 cañones; aún así, para más impresionar a su huésped, Villa mandó que parte de sus fuerzas desfilaran dos veces.

Obregón no se preocupó por ello, puesto que cuatro meses después salió al encuentro de Villa, y tampoco comulgó con las ruedas de molino del "éntrale y sal" de los mismos contingentes villistas. Desde el balcón en que los dos generales presenciaban el desfile, Obregón y Francisco R. Serrano, su jefe de Estado Mayor, contaban, y al final, con una discrepancia de menos de cinco hombres, dijeron exactamente cuál era la suma real de los contingentes.

En ocasiones más comprometidas, a plena conciencia de que había jefes militares que estaban a punto de levantarse en armas, ni Obregón ni Calles obraron con precipitación; dejaron que los presuntos sublevados se lanzaran a la revuelta, arrastrando tras ellos a fuerzas que el gobierno había puesto a sus órdenes y a ninguno de ellos quisieron suprimir antes, pagando asesinos a sueldo. Cuando llegó el momento, los batieron en acciones de guerra, en el campo de batalla, o cuando ya habían iniciado actos de rebeldía; entonces, sí, implacables —como en casos extremos fueron—, los mandaron fusilar.

Se dice, y en esto con razón, que a raíz del asesinato de Villa, el jefe de la guarnición de Parral no ordenó la inmediata persecución de los autores del crimen. Pero debe tenerse presente que, muerto Villa, la preocupación principal de un comandante militar tenía que ser la de los villistas que vivían en Canutillo. Los panegiristas de Villa convienen en que los subalternos del que fuera su jefe, se sintieron heridos y alimentaron deseos de venganza. Los generales Nicolás Fernández y Lorenzo Ávalos mandaron patrullar la hacienda y ordenaron disparar contra cualquier fuerza que intentara entrar. El coronel Lara, por razón natural, mejor que perseguir a los asesinos de Villa, dispuso fuerzas que les impidieran salir a Parral a los villistas que estaban en Canutillo.

El general Obregón, por su parte, dejó que la investigación del crimen quedara íntegramente a cargo de las autoridades judiciales; dispuso que se agregaran al expediente correspondiente, sin verlas siquiera, las constancias que se pretendía mostrarle. Les hizo saber a los villistas avecinados en Canutillo, en cambio, que seguirían disfrutando de las consideraciones que habían sido establecidas por el acta de rendición. Comisionó para hacérselos saber así —lo digo en mi libro *La reforma agraria en las filas villistas*— al ingeniero Bartolomé Vargas Lugo, que había hecho el levantamiento topográfico y el parcelamiento de Canutillo y de sus anexas.

Al estallar, meses más tarde, la sublevación delahuertista, los antiguos villistas creyeron llegado el momento de reverdecer viejos laureles y se levantaron en armas. Los tiempos eran otros; el mismo Villa, de estar con vida, no hubiera hecho que se inclinara el fiel de la balanza contra Obregón. Vencidos, los antiguos colonos perdieron Canutillo. El general Cárdenas, años después, se contentó con hacer ejidos de las tierras disponibles. Como ejidatarios, fueron incluidos en los censos algunos de los antiguos villistas.

Como argumento de peso en apoyo de la idea de la

complicidad, de la falta de interés, de la complacencia, inclusive que en el gobierno se tuvo ante el asesinato de Villa, se cita todavía el dato de que quienes victimaron a Villa no fueron castigados con todo el rigor de la ley. En esto tienen razón, pero hay que considerar también que los villistas se afiliaron al delahuertismo, y que, al tomar partido, sus enemigos, por razones políticas, fueron usados como elementos de confianza para combatir la sublevación. Motivos de conveniencia inmediata hicieron factible que se tratara con benevolencia a quienes habían sido ejecutores de Villa.

Ha transcurrido de ello cerca de medio siglo y las pasiones siguen hirviendo. Las alientan viejos soldados villistas que ven pasar con nostalgia los últimos años que les restan de vida, y que, aunque se les hayan reconocido sus méritos revolucionarios y ostenten los grados más altos de la jerarquía militar, como soldados al servicio de México, siguen recordando con orgullo los sangrientos hechos de armas en que tomaron parte, añorando, hoy que sólo queda huella de ellos en las cicatrices de las heridas que recibieron, los peligros y sacrificios que la dura disciplina villista les impuso.

Para quienes sólo de oído, o por lecturas, saben hoy de esa gesta gloriosa, Villa es la encarnación de una fuerza guerrera incontenible, el recuerdo admirable de un hombre indómito, que volvía una y otra vez a la lucha, cuando ya parecía a punto de ser aniquilado, y que, para consumar cualquiera de sus fulgurantes apariciones, espoleaba a sus cabalgaduras hasta dejarlas muertas, como ocurrió al regresar de su desastrosa expedición a Sonora con el caballo retinto que montó hasta Agua Blanca.

Cruel hasta la brutalidad, dominante hasta la posesión absoluta, como lo describió Rafael F. Muñoz, su personalidad era como la proa de un barco que dividía el oleaje de las pasiones: se le entregaba la voluntad o se le odiaba para siempre. Sabía mandar, y todo lo repartía. Pero no sabía obedecer, ni siempre mandaba como era debido, porque solía dejarse arrebatar por la ira, o escuchaba consejeros que no eran desinteresados. Las letras, diremos de paso, no fueron muy de la predilección de Villa. Aprendió a leer tardíamente: escribía de vez en cuando; su caligrafía, a juzgar por su firma, demuestra hasta la fecha que manejaba la pluma con dificultad. No es de creerse, pues, que hubiera leído a Bismarck y que tuviera de él el poco recomendable apotegma que reza: "de la fuerza nace el derecho". Bismarck, por lo demás, sabía muy bien hasta dónde, en cuáles ocasiones, y con qué fines, se podía recurrir a la fuerza.

La forma como respetaron a Villa los soldados y policías que lo persiguieron, por años y años, en las montañas; los peligros que afrontó, sin recibir ninguna herida mortal en los numerosos combates que empeñó; las celadas que eludió, hicieron creer por último que Villa disponía de un amuleto, de un talismán que lo resguardaba.

En *La Peau de Chagrin*, Balzac explica con exactitud, sin embargo, que disponer de un talismán demanda que se merezca y que se aprenda a usar de él con parsimonia. Para Villa la piel de zapa se acabó de consumir al rodar del automóvil en el que había ido a visitar probablemente al más reciente de sus amoríos, cuando quienes se habían afortinado para esperar su paso, lo acribillaron sin misericordia.

Villa no fue, en suma, ni con mucho, en el sentido pagano del término, engendrado por un Dios, ni tampoco pudo gozar de algunos de los atributos de la inmortalidad. Ni con razonables limitaciones humanas, se hizo famoso por sus virtudes, pero sí acometió acciones heroicas y fue, en sus horas de mayor esplendor, certero en sus decisiones y resuelto en sus empresas, aunque también, desafortunadamente, implacable para castigar e incontrolable para satisfacer sus caprichos, o para tramar sus venganzas. La amenaza que formuló para anunciar una de ellas le costó la vida. Con el transcurso de los años, empero, los asesinatos en masa, que autorizó en San Pedro, y que segaron la vida de casi todos los hombres que habitaban en el poblado, en diciembre de 1915, sin que el mismo cura escapara, así como los incendios, las violaciones y todos los excesos en que culminó la resistencia que unos cuantos hombres le opusieron, a lo que restaba de la División del Norte, ya en retirada, pierden poco a poco el carácter criminal que sin duda tuvieron. El mismo asalto a Columbus se conmemora hoy con una inscripción que tiene casi las proporciones de un monumento. El gobierno le puso precio a la cabeza de Villa, mientras que estuvo vivo; hoy le levanta estatuas y hace grabar su nombre en el recinto de la Cámara de Diputados, con letras de oro. El tiempo no transcurre en vano. La violencia de las pasiones se va apaciguando; con la paz interior se olvidan los agravios para que sólo quede vivo el recuerdo que en el sentimiento popular grabó con caracteres indelebles la leyenda del que fuera uno de los actores principales en el curso de una tragedia de proporciones nacionales.

Ahora bien, física y hasta moralmente, por las contradicciones que hacían estremecer su alma, con estruendo de borrasca, Villa fue un gran actor, un actor a la medida de la sensibilidad del pueblo en cuyo seno se formó y cuyo encumbramiento, así fuera pasajero, sigue deslumbrando.

Que deslumbra, inclusive, más allá de nuestras fronteras, por la rapidez de relámpago con que se desplazaba; por la seguridad con que planteaba sus operaciones; por la destreza con que las consumaba, y por la prontitud, cada que le convenía, con que desaparecía de los teatros de operaciones en que actuaba, para presentarse, inesperadamente, donde menos se imaginaba. No había árbol, ni peña, ni cerca de piedra que no conociera. Sabía dónde podía encontrar cuevas para guarecerse en la sierra y dónde brotaba agua que beber. Si con los ojos vendados lo llevaban hasta un cañón y no veía más que para un solo lado, y divisaba un cerro cualquiera, sabía dónde estaba. No había vereda que no hubiera caminado; cuando le convenía, salía de cualquiera de ellas y no había quien lo siguiera.

Todos esos constituyen los elementos de la leyenda que justifica que el nombre de Villa sea pregonado en varios idiomas y hecho popular en diferentes países, para los que ha sonado la hora de la violencia.

En la guerra civil española, una de las brigadas republicanas más distinguidas, que ganó fama como desesperada, se llamó "Pancho Villa".

Una de las columnas que se significaron a lo largo del camino de Yenán, obedeciendo órdenes de Mao Tse-tung, fue bautizada con el nombre de "Brigada General Francisco Villa".

Los nicaragüenses que se duelen todavía del asesinato de su caudillo César Augusto Sandino, lo nombran "su" Pancho Villa; y los primeros contingentes que se organizaron para liquidar a las tropas coloniales francesas y que tomaron Dien Bien Phu —y todas estas referencias las compaginó e imprimió Roberto Blanco Moheno— construyeron el que se identificó como batallón de avanzada "Pancho Villa".

Las características de esa popularidad no se detuvieron ni ante el dique de los Castillos de la Loire. En las caballerizas del Castillo de Chaumont, famosas por los ejemplares de pura sangre que se pueden admirar en los macheros, como llamarse el Cid, o lo que fuera, el acucioso observador que fue el Abate de Mendoza, anotó una lustrosa placa de bronce, anunciando que allí estaba Pancho Villa.

Silva Herzog dijo con mucha razón que en determinada etapa de nuestras pugnas intestinas Villa personificó el ala derecha de nuestro movimiento de redención social, que encarnó el elemento desordenado, confuso, anárquico de la Revolución en la que sólo puso dique la Constitución. Destruir a Villa, en 1914 y 1915, fue, pues, dolorosa necesidad. Pero no se puede ignorar tampoco que Villa, con su aguerrida División del Norte, fue uno de los arietes más eficaces con que contamos para derribar a Victoriano Huerta. Pienso, en resumen —ojalá que haya logrado extractar en estas páginas las razones en que me apoyo—, que Carranza no fue el iniciador de las diferencias que desembocaron en la tirantez de las relaciones; en el quebrantamiento de la solidaridad a la causa que uno y otro defendían; en la desobediencia final —porque no hay que olvidar que Carranza era el Primer Jefe de la Revolución y Villa solamente uno de los jefes militares que pugnaban por hacerla triunfar—, que fue la ruptura de 1915.

Es casi seguro, por otra parte, que Villa, triunfante y famoso ya por sus resonantes victorias de Ciudad Juárez y Tierra Blanca, no supo tener, para Carranza, los miramientos que le eran debidos. Es casi seguro, también, que Carranza, al corriente de los antecedentes de Villa, de sus años de bandolerismo, para decirlo de una vez, tampoco se haya sentido inclinado a dejarlo crecer, ni en poder, ni en autoridad.

Santos Chocano, en un arranque lírico, llamó a Villa "bandolero divino". El poeta cobró por ese elogio cuantioso botín en dólares y se fue a disfrutarlo. Carranza no veía al jefe de la División del Norte en ningún Olimpo, sino que apreciaba los abusos que Villa permitía que cometieran sus segundos; se daba cuenta de la forma como ocupaban propiedades de los enemigos de la Revolución para provecho personal —lo explica el general Juan Barragán en el primer tomo de la *Historia de la revolución constitucionalista*—, y preparaba medidas de autoridad que juzgaba indispensables para cuando la Revolución, consolidada, se hiciera gobierno.

Se mencionan los nombres de algunos que, por pasión, o para fortalecer su situación personal, atizaron la hoguera de la enemistad; pero hubo seguramente muchos más que, en el anonimato, colaboraron para consumar tan funesta obra. No en balde se asegura que la discordia, que es una de las Euménides, se complace impidiendo que reinen la concordia y la armonía. Además, sólo los hombres prudentes usan con tino, y logran disfrutar de sus victorias; Villa no fue de ésos.

Creo haber dicho, prolijamente, por desgracia, muy contra mi deseo, todas las razones que me asisten para concluir también que Villa es un personaje antihistórico, cuya personalidad supera a toda realidad documental y que se ha impuesto a lo que han dicho de él sus comentaristas y biógrafos. Se podrá analizarlo, pero nunca destruirlo. Con sus buenas y sus malas cualidades, alienta y palpita en el corazón sencillo de millones de seres, muchos de los cuales no son siquiera mexicanos.

Que Villa poseía un magnetismo personal que le permitía arrastrar, tras de sí, millares de hombres, para que se dieran de alta en las filas de su famosa y aguerrida División del Norte, está fuera de duda; que tenía autoridad para mandar, tampoco se discute. Lamentablemente, su orgullo, fuera de toda medida, lo empujaba a querer mandar en todo y sobre todos. Por eso, nunca y ante nadie se avino a reconocer otra autoridad que no fuera la suya propia; muy a menudo se extraviaba por los atolladeros de la violencia hasta los que se dejaba arrastrar por el capricho.

Carecía, en suma, de la humildad, de la modestia que hubiera necesitado para reconocer a quienes, dentro de los grupos a los que estaba afiliado, debía acatamiento. Sus biógrafos y panegiristas, Alberto Calzadiez Barrera, autor del libro *El fin de la División del Norte*, para invocar un testimonio más, brindan pruebas suficientes de lo que se acaba de afirmar y confirman lo que en parte asenté yo. Por ejemplo, cuando se le metió en la cabeza que el general Chao, nombrado gobernador de Chihuahua por el Primer Jefe, obedecía a éste más que a él, Villa, gesticulando, levantó la voz ante Carranza y le dijo: "Desde que usted vino a Chihuahua, me está descomponiendo a Chao. Si empieza a dividir a los jefes, yo empiezo a fusilar y principio con Chao..."

Cabe insistir, además, porque vale la pena, en que

abusando de una autoridad que legalmente no ejercía, Villa no se detuvo siquiera a pensar en las dificultades de orden internacional ni en las complicaciones del mismo tipo que podía desencadenar.

Cuando entró a la ciudad de Chihuahua, el conocido terrateniente y ganadero Luis Terrazas, trató de refugiarse en el Consulado inglés; sin embargo, Villa mandó que lo fueran a detener hasta ese local, sin importarle las dificultades que pudiera acarrearle a México.

Tratando de igual a igual con agentes del gobierno norteamericano, se entrevistó cierta vez con el general Scott, para asegurarle que de haber guerra entre los Estados Unidos de Norteamérica y Japón, o cualquier otra nación, él, Villa, pondría todos los recursos de México al servicio de su vecino del Norte.

Al Presidente de los Estados Unidos, Woodrow Wilson, le escribió una carta particular, y otra del mismo tipo la dirigió al general Scott, jefe del Estado Mayor del Ejército de los Estados Unidos de Norteamérica. Para entonces Villa ya había desconocido la autoridad de Carranza, pero no obedecía tampoco la autoridad de la Presidencia de la Convención, que era la que se suponía que contaría con el sostén de sus armas.

Se puede mencionar todavía la visita inclusive del señor Duval West, que se hizo pasar como agente especial del gobierno norteamericano, y que oficiosamente notificaba que Villa contaría con el apoyo de los Estados Unidos de Norteamérica mediante la adquisición de la Bahía de Magdalena; ¿qué tenía que ver Villa en ello y por qué escuchaba a gente así?

Hasta George C. Carothers, agente confidencial que el gobierno norteamericano tenía comisionado cerca de Villa, a pesar de las buenas relaciones personales que cultivaba con éste, tuvo que hacerle presente la queja que su gobierno tenía por los robos y asesinatos de chinos que se cometían en Sonora, y por delitos del mismo tipo que en el territorio dominado militarmente por Villa ocurrían.

Ello no fue óbice, sin embargo, para que en determinado momento, cuando el presidente Wilson, obedeciendo a sus conocidos sentimientos humanitarios, trató de poner fin al derramamiento de sangre que tenía lugar en México, Villa conviniera en mandar representantes que asistieran a las conferencias que promovían oficiosamente los gobiernos de los Estados Unidos de Norteamérica, y de varios países latinoamericanos.

En esta coyuntura, derrotado militarmente como estaba, Villa se prendía, como a un fierro ardiente, a la oportunidad de conciliación que antes había rechazado de sus compatriotas, dando por buena la intervención de varios países extranjeros, si algo de lo perdido podía aún sacar de ellos. Fiel a las normas de autodeterminación que forman la piedra angular de la política internacional de México, y que han proclamado siempre el principio de la no intervención, Carranza rechazó dignamente. No hubo tampoco razones humanitarias, ni escrúpulos ante posibles protestas, como las que se tuvieron que ventilar ante la Comisión Mixta de Reclamaciones México-Norteamérica, las que detuvieron a Villa para ordenar que fueran pasados por las armas 18 norteamericanos que viajaban en un tren que se dirigía a Cusihuiriachic, y que el guerrillero norteño asaltó.

Con su carácter férreo, que forma parte de la leyenda gloriosa que todavía lo aureola, debe reconocerse, por otra parte, que a pesar de las victorias que obtuviera el general Obregón en el Bajío; el general Calles en Agua Prieta; los generales Estrada, Diéguez y Flores en El Fuerte y Hermosillo; el general Treviño en el Ébano y el general Murguía en sangrientos encuentros que llenaron de luto millares de hogares mexicanos, Villa jamás se consideró derrotado.

Demasiado orgulloso para admitir que otros generales mexicanos, luchando con mejores armas y por causa más generosa lo dominaran, se aferró tercamente a la afirmación de que no era Carranza, que eran los Estados Unidos de Norteamérica los que habían decidido su derrota. No sólo, atribuía su fracaso a la falta del reconocimiento del gobierno norteamericano, a pesar de que Carranza tampoco fue aceptado como gobierno *de facto*, sino cuando el triunfo de las armas estaba a punto de consumar la liquidación de la División del Norte. Y se quejó de que sus proveedores extranjeros le enviaban parque inservible, asimismo de que le negaban armas y parque, o de que su papel moneda no era ya aceptado como antes.

Sin embargo, después de que ya se habían librado las batallas más sangrientas del Bajío, que fueron decisivas para el triunfo del general Obregón, en los trenes militares que le fueron capturados a Villa había existencias de parque que Obregón estimó en cinco millones de cartuchos, y que los villistas mismos estuvieron de acuerdo que eran, por lo menos, de un millón de cartuchos.

En cuanto a recursos pecuniarios, el historiador Alberto Calzadiez Barrera, a quien hemos venido siguiendo, y cuyo testimonio invocamos de nuevo, consignó que Villa tenía en depósito más de veinte millones de dólares y que tenía escondidas barras de plata.

Más todavía, y hablando ya sólo de parque, cuando los generales Canuto Reyes y Rodolfo Fierro se desprendieron del grueso de las fuerzas de la División del Norte, para iniciar una operación de retaguardia digna del mismo Villa, y que los llevó hasta la ciudad de Pachuca, a las puertas, como quien dice, de la misma capital, en la Hacienda de Burgos, cercana a Celaya, los centauros villistas se municionaron, desenterrando parque que Villa había mandado esconder después de que Obregón había triunfado en la segunda batalla de Celaya.

Como si todo ello fuera poco, cada vez que hizo falta, poniendo de lado todo género de escrúpulos, Villa exigió y obtuvo entregas de dinero y provisiones que le permitieron abastecerse. No fueron, pues, la falta de armas ni la falta de parque, ni la falta de recursos monetarios los que hicieron declinar la estrella de Villa. Fue su obcecación en sostener una mala causa, y su falta de escrúpulos para ejercer el mando.

Raymond Cartier escribió sobre la posguerra, pero no quiso acercarse mucho a la tremenda conflagración. Cuando se contemplan las cosas muy de cerca, dijo, la visión se hace confusa. Esto es lo que ocurre con muchos de los historiógrafos de la Revolución, a quienes no sólo les falta perspectiva y objetividad, sino imparcialidad también. Es posible que yo mismo, aprendiz de historiador, sea uno de ellos.

Pero con toda la buena fe de que me siento capaz, sí me considero autorizado, en testigo atento, en actor modestísimo que fui de la Revolución, de afirmar que Francisco Villa no hizo tanta historia, con mayúscula, pero sí creó leyenda; que como héroe popular es indestructible. Su valoración, para el historiador, constituye por ello un reto, porque todo lo que se diga de Villa resultará pálido frente a lo que el juicio de sus admiradores ha forjado, y que corre en narraciones verbales, en cuentos, en novelas, en películas, en biografías noveladas, en corridos.

La admiración que Villa ha conquistado, su absolución y consagración póstumas, como quien dice, por una de las muchas ironías que tiene la vida, se la debe el guerrillero mexicano, en buena parte, a quienes más lo combatieron.

Sin Carranza, sin Obregón, sin Calles, sin Cárdenas, sin Ávila Camacho —el último Presidente de origen militar que sí logró instaurar orgánicamente el civilismo del que nos enorgullecemos—; sin todos los jefes de Estado, militares y civiles, pasando por De la Huerta, Portes Gil, Ortiz Rubio, Rodríguez, Alemán, Ruiz Cortines, López Mateos y Díaz Ordaz; sin Echeverría, por último, que consagra tiempo, energías, entusiasmo y corazón, sobre todo, al servicio de nuestra Patria; sin todo eso, digo, México no estaría a la altura envidiable que alcanza, ni habría superado el subdesarrollo, ni se vería como una laboratorio que vale la pena de examinar de cerca.

Y los revolucionarios mexicanos, Villa entre ellos, naturalmente, no darían tanto que hablar, ni ameritarían que sus hazañas fueran pregonadas en el mundo entero.

Porque México es, en resumen, el marco magnífico que, gracias a la Revolución mexicana, hace destacar el retrato de quienes la hicieron triunfar, dándole realce a sus hazañas. Y Francisco Villa es, sin ningún género de duda, uno de ellos.

México, D. F., marzo de 1971

NOTAS ACLARATORIAS

I*

UNO DE los que se adhirieron a Villa despechados de Carranza fue quien llegara a ser Presidente de la Soberana Convención, y que asistiera a ella como representante personal del general Villa.

Se trata, naturalmente, del más tarde general Roque González Garza, de maderismo insospechable, por lo demás, que por los últimos días de marzo de 1913 llegó a Monclova, donde don Venustiano había establecido su cuartel general, comunicándole que en San Antonio, Texas, había organizado su Junta Revolucionaria.

El que había sido diputado del grupo maderista, o renovador, tenía la pretensión de que en Eagle Pass, o inclusive en Piedras Negras, se reuniera a tantos diputados como fuera posible, y que representantes de esa legalidad hipotética, deberían normar la marcha de la nueva revolución.

Don Venustiano, que desde el 26 de marzo había expedido el Plan de Guadalupe, se negó, con mucha razón, a ponerse en manos de un cuerpo minoritario de diputados que no habían tenido siquiera el gesto de romper el quórum, para no aceptar la renuncia del presidente Madero.

A Roque González Garza le dijo, por cierto, que sus servicios serían bien recibidos, pero no para darle nueva vigencia a un maderismo cuya cabeza había desaparecido, sino para afiliarse al constitucionalismo. Así lo hizo, pero uniéndose a Villa, resentido desde entonces con Carranza.

Debe haber contribuido a ello que don Venustiano se rehusara a reconocerle hasta el grado de coronel, como pedía. Contestando la carta que al efecto le enviara, le dijo que en mayo de 1911, después de la toma de Ciudad Juárez, se le había conferido el grado de Mayor del Ejército Libertador, y que con posterioridad había desempeñado comisiones de carácter administrativo, sin tener mando de fuerzas, sólo podía reconocerle por lo mismo, el grado de mayor.

Con Villa, en otras palabras, se podía ascender más pronto,

* A la p. 16.

se disfrutaba de facilidades que Carranza no propiciaba. Había que estar con Villa, tratar de eliminar a Carranza.*

II**

Si todavía se quisiera agregar un nuevo dato para comprobar que Villa no se subordinó ni a Madero, ni a Carranza, ni a Eulalio Gutiérrez, y que si con el general Roque González Garza no se insubordinó fue porque González Garza se supeditó a Villa, bastaría con recordar el telegrama que el general Obregón encontró en el archivo de la oficina de telégrafos de Celaya, y que le transcribió a Veracruz a don Venustiano Carranza.

Lo publicó *El Constitucionalista* del 16 de enero, y en él, el Presidente de la Convención le decía al encargado de la Secretaría de Comunicaciones que tenía informes de que en el telégrafo de Celaya se rehusaban a pasar mensajes de los delegados de la Convención que pedían que se respetara la franquicia de que disfrutaban... a menos de que el general Villa hubiera dispuesto que sólo se tramitaran telegramas tratando asuntos oficiales.

El general Obregón comentaba, hasta cierto punto con razón, que la Convención, a pesar de su proclamada soberanía, estaba subordinada a Villa.

El que estaba subordinado a Villa, en todo caso, era González Garza, y por eso la Convención lo destituyó, nombrando en su lugar al licenciado Lagos Cházaro. Pero, para cuando esto ocurría, ya la Convención estaba dividida una vez más entre zapatistas y villistas. Sus días estaban contados.

III***

La conducta que se trazó Carranza al pedirle a Villa el envío de contingentes que colaboraran con el general Natera para la toma de Zacatecas, no es por lo demás única en su caso, y a no ser por el celo y por la susceptibilidad de Villa, a éste no debió parecerle insólita.

* *Diario de la Revolución,* Tomo I, Francisco Vela González. Patronato Universitario de Nuevo León, 1971.
** A la p. 24.
*** A la p. 29.

Con anterioridad, repetiremos, don Venustiano había pensado que fuerzas del noroeste, es decir, dependientes del general Obregón, se trasladaran a Chihuahua, por el Cañón del Púlpito, para contribuir a la toma de Ciudad Juárez, de Chihuahua y de Torreón. Esto ocurría en julio de 1913; las victorias fulgurantes de Villa y los numerosos contingentes que se dieron de alta para engrosar sus fuerzas, lo hicieron innecesario.

También le ordenó don Venustiano a Lucio Blanco que enviara fuerzas que dependían de él para que reforzaran a las del general Pablo González que se disponían a tomar Monterrey. Después de cubrirse de gloria con la toma de Matamoros, el 4 de junio de 1913, Lucio Blanco, joven, arrogante, apuesto, se había dedicado a disfrutar de su éxito y no había tomado ningún dispositivo de campaña adecuado a su capacidad y posibilidades.

Fue por eso que don Venustiano lo destinó al Cuerpo de Ejército del noreste, poniéndolo a las órdenes del general Pablo González, con jurisdicción en los Estados de Coahuila, Nuevo León y Tamaulipas.

Sólo que Lucio Blanco se rehusó a unir sus contingentes con los de los otros revolucionarios que se disponían a tomar Monterrey, pero no llegó al extremo de insubordinarse, como Villa, sino que prefirió salir de Tamaulipas y presentarse en Sonora.

Carranza lo trató con todo género de consideraciones y lo comisionó con el general Obregón. Éste le brindó su confianza, y lo puso al frente de las caballerías del Cuerpo de Ejército del Noroeste.

Pudo haberse dado por satisfecho, pero sus ambiciones eran mayores. Entró al juego de la política y se hizo convencionista. Cuando ser Ministro en el gabinete del Presidente de la Convención —el general Eulalio Gutiérrez— no significaba gran cosa, fue de los que idearon la creación de una tercera fuerza. Su estrella se opacó en la desastrosa batalla de San Felipe Torres Mochas.*

* *Diario de la Revolución*, Tomo I, Francisco Vela González. Patronato Universitario de Nuevo León, 1971.

Con fecha 16 de enero de 1915, *El Constitucionalista,* periódico oficial de la revolución que se publicaba entonces en Veracruz, dio a conocer cartas cuya importancia histórica no ha caducado.

Desde México, el 7 del mismo mes, el general Eulalio Gutiérrez, que pocos días después evacuaría la ciudad de México, seguido por los contingentes y miembros del gobierno de la Convención que lo secundaron, se dirigía a los generales Álvaro Obregón y Cándido Aguilar, haciéndoles saber el acuerdo que habían tomado, junto con él, los generales José Isabel Robles, Lucio Blanco y Eugenio Aguirre Benavides —Ministros de Gobernación y de Guerra los dos primeros—, pidiendo que se suspendiera el avance sobre la ciudad de México mientras que ellos le daban forma al plan de campaña que pondrían en ejecución contra Villa, a quien, por su parte, ellos tenían la intención de separar del mando del ejército de la Convención e incluso de toda participación en los asuntos públicos del país.

Obregón, tomada la decisión sobre la línea de conducta que debía adoptar, sin desconocer el valor ni el número de las fuerzas que seguían todavía al general Eulalio Gutiérrez —la derrota de San Felipe Torres Mochas vendría después—, le contestó que él obedecía a la primera jefatura, encabezada por Carranza y que continuaría de frente, combatiendo a quienes se le opusieran.

En aquellos momentos, ni Eulalio Gutiérrez ni los que lo secundaban deseaban volver a la obediencia de la primera jefatura, pero deseaban eliminar a Villa, cuya indisciplina habían ya comprobado.

EN LA columna Foro, del diario *Excélsior*, y en el número correspondiente al 25 de mayo de 1971, el ingeniero Cuauhtémoc Cárdenas publica la copia de una carta aclaratoria que le dirigió al director del diario *El Nacional,* para rectificar

* A la p. 42.
** A la p. 44.

conceptos vertidos en el editorial del número de este último periódico, correspondiente al 21 del mismo mes y año.

El ingeniero Cuauhtémoc Cárdenas sostiene que su señor padre supo sortear dificultades y resolver situaciones complejas —como es de pública notoriedad—, y que una de ellas se le presentó cuando abandonó la Convención para unirse al constitucionalismo, reconociendo la jefatura del general Plutarco Elías Calles.

El ingeniero Cárdenas puntualiza que el entonces teniente coronel Lázaro Cárdenas se levantó en armas contra Victoriano Huerta en 1913, incorporándose a las fuerzas constitucionalistas que operaban en Michoacán, pero que después de celebrada la Convención de Aguascalientes, en la que se unieron por corto tiempo las distintas corrientes revolucionarias, al Regimiento Nº 22, que mandaba el susodicho teniente coronel Cárdenas, se le ordenó que formara parte de una columna que se dirigió a Sonora. Agrega que al dividirse el constitucionalismo de la Convención, el general Federico Morales, que mandaba los contingentes de Michoacán, llamó a sus subalternos para decirles que él reconocía al constitucionalismo dejando a los demás que siguieran el camino que desearan y que Cárdenas fue de los que decidió incorporarse a dicho bando, presentándose en Agua Prieta con el general Calles.

El ingeniero Cárdenas termina afirmando que su padre nunca fue villista y agrega —en lo que por mi parte estoy de completo acuerdo—, que su línea de conducta, tanto en la lucha armada como en el servicio público, nunca estuvo movida por intereses egoístas, u oportunistas.

Como yo soy de quienes han dicho que en determinado momento, viendo lo improcedente de su conducta, Cárdenas fue uno de los que se distanciaron de Villa para incorporarse al constitucionalismo, creo pertinente formular aclaraciones que ayuden a desenredar la maraña de esa terrible confusión que fue, al desaparecer de nuestra escena política Victoriano Huerta, la escisión de carrancistas —o constitucionalistas—, con villistas —que desconocían a Carranza—, con zapatistas —que nunca le habían prestado acatamiento al Plan de Guadalupe— y con convencionistas, que después de que se procuró, infructuosamente, evitar nuevos derramientos de sangre, se enfrascaron en discusiones y negociaciones inoperantes, para acabar chocando con las armas en la mano y desaparecer oscuramente, como ocurrió con el gobierno de la Convención que encabezó por unos cuantos meses, sin mandar en realidad un solo día, el general Eulalio Gutiérrez.

Principio por declarar que, habiéndome incorporado a la revolución formando parte de las Comisiones Agrarias del Sur, que se integraron por orden del general Emiliano Zapata, yo mismo fui catalogado como elemento de lo que se llamó zapatovillismo, y que lo sigo considerando un orgullo.

Al producirse el distanciamiento que determinó la soberbia de Villa, éste desconoció a Carranza, y fueron inútiles los esfuerzos que empeñaron el general Antonio I. Villarreal por un lado, y el general Álvaro Obregón por el otro, para restablecer la unidad del constitucionalismo.

Reunidos más tarde en la Convención de Aguascalientes, no pocos jefes constitucionalistas se resignaron a sacrificar a Carranza, separándolo de la Primera Jefatura, si al mismo tiempo Villa se retiraba a la vida privada, abandonando el mando de la División del Norte.

Se nombró entonces, como Presidente de la Convención, al general Eulalio Gutiérrez y se le notificaron sendos acuerdos de destitución a Carranza y a Villa. El primero se retiró a Veracruz, y manifestó que abandonaría el país si Villa hacía otro tanto, pero lejos de eso, Villa avanzó con sus fuerzas, y Eulalio Gutiérrez, faltando a lo convenido, lo nombró jefe de los contingentes que lo sostendrían.

Los constitucionalistas, entonces, le reiteraron su adhesión a Carranza y se produjeron escaramuzas, deserciones y ajustes, que fueron sirviendo para que cada quien tomara campo donde sus convicciones lo llevaran.

Álvaro Obregón se fue a Veracruz, con lo que le quedaba de su Cuerpo de Ejército del Noroeste; Pablo González retrocedió al centro del país y salió después rumbo al noreste, por la vía de la Huasteca; Francisco Murguía se desprendió rumbo a Toluca, buscando el occidente, donde se incorporó con Manuel M. Diéguez; y a México entraron, aparentemente victoriosos, Villa y Zapata; mientras que en Sonora quedaron, frente a frente, Maytorena y Calles; y en Nuevo León y Tamaulipas se agruparon Villarreal, Caballero y López de Lara para disputarle el terreno a los villistas que trataban de arrebatarles la zona petrolera.

Eulalio Gutiérrez se dio cuenta de que, al nombrar a Villa para que mandara las fuerzas de la Convención, se había convertido en instrumento de su pretendido subordinado. Rompió entonces con Villa y, seguido de fuerzas que en parte habían sido de Obregón —las caballerías de Lucio Blanco—, y en parte de Villa —las fuerzas de José Isabel Robles y de Eugenio Aguirre Benavides, sobre todo—, trató de salir rumbo al norte, para establecer, probablemente en Saltillo, el gobierno de su convención.

Decimos "su convención" porque la Convención misma no lo siguió. En el momento de la evacuación, los villistas siguieron adictos a su jefe, y los zapatistas se agruparon rápidamente para hacerle frente a la situación, logrando que la Convención siguiera funcionando, nombrando de paso un nuevo presidente, que fue el general Roque González Garza.

La aventura del general Eulalio Gutiérrez, Presidente de una Convención que lo había abandonado y destituido, fue de corta duración. Salió de la capital a mediados de enero y, "con el propósito de hostilizar a Villa, sin presentarle batalla formal" como dijo, se fue al norte y le pidió al general Obregón que se uniera con él, respetando su presidencia nominal.

Obregón le replicó que desde que había nombrado a Villa jefe de las fuerzas convencionistas, violando los acuerdos de la Convención, él se había considerado liberado de cualquier compromiso anterior y no reconocía más jefatura que la de Carranza.

Todo lo anterior está bien compaginado en la *Historia del ejército y de la Revolución Constitucionalista* del general Juan Barragán. Falta precisar que el general Eulalio Gutiérrez y los jefes que lo secundaban, se dejaron sorprender y derrotar, de manera definitiva, en San Felipe Torres Mochas. De los contingentes que llevaban, buena parte se incorporaron nuevamente a Villa, y otros se dispersaron. El general Gutiérrez, con posterioridad, lanzó un manifiesto a la Nación anunciando que daba por terminada su actuación al frente de la Convención.

A todo esto, procede aclarar que cuando todavía se creía posible conjurar la sangrienta escisión a que nos venimos refiriendo, en septiembre de 1914, a propuesta del general Obregón, el general Juan Cabral fue designado gobernador de Sonora en sustitución de Maytorena y que Cabral, en tal virtud, dejó la Comandancia Militar de la Plaza de México, y salió rumbo al norte, para desempeñar su nuevo cometido.

Camino de Sonora, en El Paso, Texas, al desconocer Villa a Carranza, Cabral, desilusionado por el giro que tomaban las cosas, con fecha 26 de septiembre de 1914 decidió no tomar parte en la nueva lucha, y se retiró a la vida privada, notificándoselo así a Carranza.

Mientras tanto, por tierra, habían salido fuerzas que deberían apoyar a Cabral. Formando parte de esas fuerzas, iba un regimiento de caballería que mandaba el entonces mayor Lázaro Cárdenas.

Al rebelarse Maytorena contra Carranza, arrastró tras de sí las fuerzas que estaban en Sonora —salvo las que mandaba Calles, en Naco—, y que habían combatido a las órdenes del general Alvarado. Dichas fuerzas, que inicialmente debieron darle apoyo a Cabral, fueron refundidas e incorporadas con las que ya estaban en Sonora; entre ellas estuvo el regimiento que mandaba Cárdenas.

Precisando lo que a este distinguido revolucionario se refiere, y que en fuentes sonorenses he podido averiguar, aclaro hoy que siendo todavía mayor, Cárdenas formó parte de una corporación de caballería de la que era jefe el Coronel Moreno. Figuraba también en ella otro mayor, llamado Samuel Cárdenas, que no era pariente del primero.

Llegada a Sonora, por tierra —ya con el general Cabral en el exilio—, la corporación mandada por el coronel Moreno, como adicta a Maytorena, fue apostada en un lugar llamado Anibacachic. Se trata de unos cerros ubicados frente a la llanura de Naco. Se pretendía hostilizar al general Calles, resguardado tras las fortificaciones que había mandado construir.

Los dos mayores Cárdenas deben haber discutido la situación y resuelto que debían reincorporarse al constitucionalismo, separándose de Maytorena, que estaba a su vez ligado con Villa. Comisionaron al efecto a una soldadera para que hablara con el general Calles diciéndole que eran convencionistas, pero que no estaban de acuerdo y querían volver al constitucionalismo, incorporándose a sus fuerzas.

Los jefes de las corporaciones que mandaba Calles en Naco, en junta que tuvieron, se mostraron indecisos porque creyeron que se trataba de una maniobra. Entre los que se opusieron estaban Cruz Gálvez y Jesús Aguirre, pero el general confió en los Cárdenas y, además, comprendía lo útil que le podría ser aquel refuerzo, así es que acuarteló las fuerzas de Naco y les dio orden a los que deseaban incorporarse para que al día siguiente, en la mañana, bajaran del Anibacáchic, en columna de uno en fondo. El general Calles los recibió y los acuarteló, incorporándolos después a sus fuerzas, pero antes, en el Anibacáchic, en la madrugada, hubo un zafarrancho, y en él murió el coronel Moreno, probablemente porque quiso oponerse a que los Cárdenas se separaran de él.

Cada uno de los Cárdenas siguió mandando entonces la parte de corporación que le correspondía; un mes o dos después, en una riña de cantina, un oficial del Estado Mayor de Lázaro Cárdenas mató a Samuel Cárdenas, y entonces Calles nombró a Lázaro Cárdenas como único jefe de la corporación ya con el grado de Teniente Coronel.

El general Calles comunicó la incorporación de Cárdenas, con los 400 hombres de la columna que había llevado Cabral a Sonora, por telegrama fechado en Douglas, Arizona, el 28 de marzo de 1915. El general Juan Barragán hace notar, con justicia, que para esa fecha aún no se libraban los combates definitivos del Bajío, en los que Obregón derrotó a Villa, así es que Cárdenas no pudo obrar movido por ningún sentimiento de conveniencia personal, sino guiado por su sentido de lo que más convenía a la revolución mexicana.

En resumidas cuentas, Cárdenas no fue originalmente villista, puesto que militó junto con los revolucionarios de Michoacán que no tenían ningún contacto con los jefes que operaban en el norte.

Cárdenas fue comisionado accidentalmente para trasladarse a Sonora, formando parte de la columna que debía comandar el general Cabral, como representante del constitucionalismo en Sonora.

Al retirarse de la lucha Cabral, las fuerzas del general Cárdenas quedaron temporalmente incorporadas a las de Maytorena, y en esta época formaron parte de la facción villista.

En la primera oportunidad que tuvo Cárdenas dejó a los maytorenistas, a los villistas, o a los zapatovillistas, porque se les puede dar cualquiera de esas denominaciones, para incorporarse en el constitucionalismo, y hacer dentro de él la carrera que lo llevó a los grados más altos del ejército, y a la Presidencia de la República.

VI*

Incomunicado prácticamente del país, como no fuera por mar, lo que ocurría en Sonora no tuvo las repercusiones que hubieran sido de esperarse.

En 1911, la toma de Ciudad Juárez causó expectación en todo México, y tuvo hasta resonancias internacionales. La toma de Hermosillo, que fue la primera capital de un Estado que cayó en poder de la revolución, el 22 de mayo de 1911, casi pasó inadvertida.

De las victorias de Obregón se supo también muy poco antes de los combates de Orendain y El Castillo. Sus primeros retratos se publicaron, como quien dice, cuando se firmaron los tratados de Teoloyucan. Su verdadera fama se puede decir que nació de la campaña contra Villa, en el Bajío. Se le conoce más bien con el nombre de "El manco de Celaya".**

VII***

José María Maytorena, por el prestigio de su apellido, por su posición social —tener bienes de fortuna inspiraba confianza entones—, y por la circunstancia de haber sido Presidente del Club Antirreeleccionista que organizó don Francisco I. Madero, tuvo méritos bastantes como para ser electo gobernador constitucional de Sonora.

En el desempeño de ese cargo, cuando vio que en Sonora se encrespaban sus coterráneos, buscando una definición más

* A la p. 47.
** Antonio G. Rivera, *La Revolución en Sonora*. México, D. F., 1969.
*** A la p. 50.

clara de sus aspiraciones, en lugar de empuñar las riendas del mando para encauzar la cosa pública por el mejor de los caminos, puso tierra de por medio, y se quedó por tres largos meses en la ciudad de México, gastando $ 15,000.00, que es tanto como decir dólares 2,500.00 mensuales, de aquellos dólares que compraban tanto.

Pero recuperó el terreno perdido cuando, aconsejado principalmente por el entonces diputado Adolfo de la Huerta, se puso al frente de las fuerzas del Estado, y libró, en La Dura, una acción de guerra que liquidó el orozquismo en Sonora.

En septiembre de 1913, al llegar Carranza a Sonora, dando término a su peligrosa y penosa peregrinación, junto con los jefes militares de mayor categoría, lo recibieron y acompañaron dos gobernadores que no se habían significado por su entereza y que, conscientes de ese pecado original, tratarían de congraciarse con Villa mejor que con Carranza: Riveros, de Sinaloa, y Maytorena, de Sonora.

El historiador, a quien seguimos en este aspecto —y que nos merece confianza porque lo conoció y es del mismo terruño—, afirma que Maytorena regresó al gobierno de Sonora "lleno de rencores". Debió, de ser sincero, mostrarse avergonzado y contrito, pero no tuvo antes decisión, ni después generosidad. Habiendo juzgado mal sobre la situación política imperante, y prefiriendo retirarse al estallar la lucha, quería hoy recibir los frutos de la victoria.

Sintió entonces envidia y despecho cuando se vio como segundo de Carranza, sentado o retratado siempre a la derecha del Primer Jefe, pero no al centro, cuando él, que estaba como quien dice en su casa, la veía ocupada por un peregrino que había llegado, después de hacer penosa jornada desde su distante Coahuila.

Para ser, por lo menos, segunda figura de la revolución, quiso entonces aumentar la importancia del organismo burocrático del que era cabeza, y principió a crear oficinas que, dentro del proceso militar que tenía lugar, ni siquiera se justificaban. Para todos sus favorecidos, por razón natural, Maytorena fue el hombre. Por su propio encumbramiento, desearon también opacar la estrella de Carranza y de Obregón.

Buscar un sostén militar para sus pretensiones, fue el siguiente paso. El hombre en quien pensaron fue Villa. Éste, halagado en su vanidad, desorbitado por las victorias militares que iba ganando, y por los elogios de sus seguidores, que también medraban a su sombra, se dejó deslumbrar.

Los propósitos de Maytorena afloraron pronto en la prensa de Sonora. En *La Voz de Sonora*, de Hermosillo, generosamente subvencionada por la Tesorería del Estado, comenzaron a publicarse ataques contra los generales Obregón y Calles, elogios desorbitados para Villa. Los constitucionalistas sonorenses, respetuosos de la libertad de imprenta —y suprimir un periódico, o un hombre de alto rango, inclusive, era entonces tan fácil—, prefirieron combatir la prensa con la prensa, y fundaron el periódico *La Libertad*.

El conflicto político, para estas fechas, estaba planteado. Que Maytorena pugnaba por obtener la protección de Villa contra los jefes constitucionalistas —que por su parte no habían hecho más que ayudar a Villa— está fuera de duda también. El 6 de junio de 1914, el general Calles le telegrafiaba a don Venustiano Carranza, desde Hermosillo, participándole que Maytorena se negaba a reducir los contingentes armados que había reclutado y reunido en el Palacio de Gobierno del Estado. Maytorena declaraba que ya se comunicaba sobre el particular con el mismo Carranza y con Villa.

¿Qué razón había para que Maytorena se comunicara con Villa? ¿Qué jurisdicción tenía Villa sobre asuntos de política local que tenían lugar en Sonora? Tal parece pues que lejos de que Villa tomara en serio su adscripción nominal —que nunca se tradujo en órdenes— al Cuerpo de Ejército del Noroeste, era Villa quien trataba de poner a Sonora bajo la salvaguarda de su División del Norte.

Planteada ya la desobediencia de Villa a la Primera Jefatura, en la misma primera quincena de junio el general Calles se comunicaba por eso con don Venustiano Carranza anticipándole que en el sur del Estado, las fuerzas constitucionalistas que estaban nominalmente a las órdenes del general Salvador Alvarado, se declararían maytorenistas, y que por eso él consideraba necesario permanecer en el norte de Sonora, manteniendo control sobre los puertos fronterizos.

Perdido todo concepto de respeto a la jurisdicción de Sonora, cuya jefatura, desde un punto de vista estrictamente castrense, le correspondía a Obregón —y no podía pensar de otro modo quien estuvo a punto de fusilar a Chao—, Villa se comunicaba con el jefe del Ejército del Noroeste, ya en México, con fecha 8 de septiembre de 1914, diciéndole por la vía telegráfica que le "había ordenado" al general Hill que se retirara a Casas Grandes con las fuerzas de su mando "para evitar dificultades".

¿Con qué autoridad, decimos una vez más, podía sentirse facultado Villa para darle órdenes a un subalterno de Obregón? ¿Quién era Villa para resolver "dificultades" que surgían en áreas que no eran las de su jurisdicción?

Lo que sigue se sabe después: Maytorena se hizo villista arrastrando tras de sí a no pocos constitucionalistas. Sólo se quedó, afortinado en Naco, el general Calles.

Más tarde salieron contingentes constitucionalistas a recuperar Hermosillo, y Villa pretendió trasladar a Sonora el teatro de sus nuevas hazañas, pero no logró tomar ni Naco, ni Hermosillo.

Maytorena, como en 1913, cuando vio que las cosas se ponían difíciles para él, se fue al extranjero. Así acabó políticamente, sin brillo, quien, por su temprana adhesión al maderismo, pudo ser uno de los grandes de la revolución mexicana.

También se incorporó tardíamente a la revolución el doctor Miguel Silva, que fuera gobernador maderista de Michoacán.

A raíz de la Decena Trágica, reconoció a Huerta y siguió al frente de los destinos del Estado. El 18 de mayo de 1913, todavía se comunicó con el Ministro de la Guerra, pidiendo refuerzos, porque temía que Morelia fuera atacada.

Más tarde el doctor Silva, contemplando ya los progresos de la revolución, trató de hallar acomodo con Carranza, que no lo aceptó. Villa, en cambio, lo hizo jefe de su Servicio Médico.*

Tres gobernadores cuya incorporación a la revolución fue tardía: Maytorena en Sonora, Rivero en Sinaloa y Silva en Michoacán, fueron vistos con reserva por Carranza, y recibidos con los brazos abiertos por Villa, que era algo así como el aglutinante de todos los inconformes con la primera jefatura de la revolución.

* Antonio G. Rivera, *La Revolución en Sonora*. México, D. F., 1969.

ÍNDICE

Este libro se terminó de imprimir y encuadernar
en el mes de septiembre de 1988 en los talleres
de Encuadernación Progreso, S. A., Municipio
Libre 188; 03300 México, D. F. Se tiraron
2 000 ejemplares.